《자신있게 말 거는》

즐거라!!

여행 스페인어

유연창 편저

도서출판 **삼영서관**

저자 유연창

한국외국어대학교 스페인어과 졸업
한국외국어대학교 대학원 스페인어과 졸업
스페인 국립 마드리드대학교 문학박사
한국외국어대학교 강사

논문

스페인어 평가접미사의 형태와 의미적 기능
스페인어 어휘체계와 구성요소
단어의 구조와 형태 규칙
어형성규칙의 조건과 제약

저서 및 역서

TOTAL 스페인어 문법
스페인어 접속법
스페인어 기초다지기
스페인어로 말해보자
즐겨라!! 여행스페인어
어린왕자(서한대역)
사기결혼(세르반테스의 모범소설)

《자신있게 말 거는》
즐겨라!! 여행스페인어

2003년 7월 7일 개정판 1쇄 발행
2005년 7월 5일 개정판 2쇄 발행

저자 유연창 / **펴낸이** 정정례 / **펴낸곳** 삼영서관
주소 서울 동대문구 답십리 3동 645-8 / **전화** 02) 2242-3668 / **팩스** 02) 2242-3669
Homepage : www.sysk.co.kr / **E-mail** : samyoung@sysk.co.kr
등록일 1978년 9월 18일 / **등록번호** 제 1-261호

Korean Edition ⓒ Sam Young Publishing Co., 2003
ISBN 89-7318-275-7 13770

정가 6,800원

- 파본은 교환하여 드립니다.

여행을 통해서 우리는 많은 것을 얻을 수 있습니다. 다른 문화의 다양한 체험과 학교에서 가르쳐주지 않는 많은 것을 배울 수 있습니다. 과거에 특정 계층에만 국한되어 있던 여행이 이제는 누구나 해외 여행을 즐길 수 있는 시대가 되었으며, 해외여행은 이제 특별한 체험이 아닙니다.

이런 시대에「즐겨라!! 여행스페인어」는 스페인어 회화와 함께 출국준비에서부터 돌아오기까지 여행의 모든 과정에 필요한 유용한 정보를 풍부하게 담고 있어 여러분의 여행에 든든한 안내자가 될 것입니다. 해외 여행 도중에 어떤 문제가 발생했을 때, 혹은 외국인과 대화를 나누어야 할 때는 이「즐겨라!! 여행스페인어」를 활용하기 바랍니다.

「즐겨라!! 여행스페인어」가 여러분의 여행에 즐겁고 유익한 동반자가 되기를 바랍니다.

¡BUEN VIAJE!

유연창

- ▶ **머리말** · 3
- ▶ **스페인 소개** · 6
- ▶ **알파벳** · 11
- ▶ **여행 준비** · 12

- ▶ **기본표현**
  - 인사 · 16
  - por favor · 17
  - señor · 18
  - sí와 no · 19
  - gracias · 22
  - perdón · 23
  - ¿Qué es esto? · 24

- ▶ **일상회화**
  - 인사 · 26
  - 소개 · 29
  - 질문과 대답 · 32
  - 부탁 · 35
  - 희망 · 37
  - 기원 · 38
  - 허락 · 40
  - 전화 · 41
  - 감정표현 · 43
  - 기본 필수 어휘 · 45

- ▶ **출국 · 입국**
  - ❶ 출국 · 56 / ❷ 기내에서 · 58 / ❸ 입국심사 · 62
  - ❹ 세관 · 66 / ❺ 환전 · 70

- ▶ **숙박**

  - ❶ 호텔 예약 · 78 / ❷ 체크인 · 82 / ❸ 호텔방에서 · 86
  - ❹ 룸서비스 · 90 / ❺ 아침식사 · 94 / ❻ 세탁 · 98
  - ❼ 미용실 · 이발소 · 102 / ❽ 불편사항 · 108 / ❾ 체크아웃 · 114

▶ 식사
1. 안내 · 122 / 2. 예약 · 128 / 3. 레스토랑에서 · 132
4. 주문 · 136 / 5. 디저트 · 140 / 6. 계산 · 142 / 7. 간식 · 144

▶ 관광
1. 관광 안내소 · 152 / 2. 관광 · 156 / 3. 거리에서 · 160
4. 시내버스 · 164 / 5. 지하철 · 168 / 6. 택시 · 172
7. 관광지에서 · 176 / 8. 사진촬영 · 180 / 9. 공연 · 184

▶ 쇼핑
1. 백화점에서 · 192 / 2. 옷가게에서 · 196 / 3. 구두가게에서 · 200
4. 기념품점 · 204 / 5. 지불 · 206 / 6. 교환 · 클레임 · 208

▶ 교통수단
1. 예약 확인 · 212 / 2. 예약 변경 · 216 / 3. 탑승수속 · 218
4. 기차역에서 · 220 / 5. 기차 안에서 · 224 / 6. 버스 · 228
7. 렌터카 · 230 / 8. 도로에서 · 232 / 9. 주유소에서 · 234
10. 선박 · 238

▶ 전화 · 우편
1. 국내전화 · 242 / 2. 국제전화 · 246 / 3. 우체국에서 · 250

▶ 긴급상황
1. 도움 요청 · 256 / 2. 분실 · 도난(경찰서에서) · 258
3. 병원에서 · 264 / 4. 약국에서 · 270 / 5. 거리에서 · 274
6. 교통사고 · 278

▶ 부록
- 스페인의 명소 · 282
- 스페인어의 발음과 특징 · 288

▶ 핵심 단어장 · 297

1 개요 ✶✶

스페인의 총면적은 50만 4788㎢이며, 한반도의 약 2.5배로 유럽에서 세 번째로 큰 나라이다. 이베리아 반도의 대부분인 80%를 차지하고 있으며, 북동쪽은 피레네산맥을 사이에 두고 프랑스와 접해 있고, 북쪽은 대서양에, 동쪽으로는 지중해에 둘러싸여 있고 남서부는 포르투갈과 국경을 이룬다. 인구는 약 4,000만 명으로 라틴계 스페인인이 주류를 이루며, 원주민인 이베리아인, 로마인, 게르만인, 아랍인 등 다양한 종족의 혼혈이 많다. 플라멩꼬를 비롯한 많은 민속무용이 발달했으며, 프랑스, 이탈리아, 아랍풍의 다양한 양식으로 건축이 발달하였고 가우디와 같은 세계적인 건축가도 배출되었다. 스페인은 입헌군주국으로 민주주의에 기초를 둔 정치체제를 가지고 있으며, 국회는 2원제이다. 전통적인 농업국가로 유럽 중에서 농업의 비중이 가장 높은 나라에 속하며, 소맥 · 감귤류 · 포도 · 올리브 등이 유명하다. 또한 680㎞에 달하는 대서양의 천혜의 어장으로 원양어업 및 근해 어업이 모두 활발하다. 대표적인 공업으로는 기계 · 조선 · 섬유 등이 있지만 무엇보다도 관광산업이 중요한 소득원이 되고 있다. ✶✶

2 기후 ✱✱

특색 있는 지형과 해류의 영향으로 다양한 기후를 나타낸다. 북서부의 대서양 연안은 온난한 해양성기후로 비가 많으며, 마드리드를 포함하는 중부 고원지대와 남서부는 대륙성의 건조한 기후를 나타낸다. 또한 남동부의 지중해 연안은 전형적인 지중해성 기후로 일년 내내 온난하다. 스페인 내륙 및 남부의 여름 햇볕과 더위는 너무 강렬해서 반드시 모자나 선글라스를 착용하여야 한다. 특히 7, 8월에는 섭씨 40도를 웃도는 뜨거운 날씨가 약 2~3주 계속된다. 강수량도 지역에 따라 차이를 보이는데 마드리드를 중심으로 북쪽은 비가 자주 오고, 남쪽은 겨울철을 제외하고는 맑은 날씨가 많아 일조량이 연평균 2500시간에 달한다. 계절은 한국과 비슷하므로, 이에 알맞게 준비하면 된다. ✱✱

3 시차 ✱✱

스페인과 한국과의 시차는 하기 서머타임(약 4월~10월말까지)에는 7시간이며, 동기(약 11월~3월까지)에는 8시간이다. 한국이 8시간 빠른데, 예를 들면 스페인이 정오일 때 한국은 오후 8시(하절기에는 7시)이다. ✱✱

4 통화 **

2002년 1월 1일부터 유로화가 사용되었고, 2002년 3월 1일 자로 기존의 스페인 화폐인 뻬세따는 사용하지 않게 되었다. 2001년 11월 15일부터 은행을 통해 뻬세따를 유로화로 바꾸었으며, 2002년 1월 1일부터 은행과 자동인출기에서 유로화가 사용되기 시작했다. 뻬세따는 2002년 1월 1일부터 2002년 6월 30일까지 모든 은행과 스페인은행(Banco de España)에서 유로로 바꾸어주었지만, 2002년 7월 1일부터는 스페인은행(Banco de España)에서만 교환이 가능하다. **

5 근무시간 **

스페인에는 시에스따(Siesta)라는 낮잠을 자는 관습이 있다. 거의 모든 사람들이 상점이나 사무실의 업무를 중단하고 문을 닫는다. 관광지에서도 그 시간에는 문을 닫는 경우가 있으므로 미리 확인해야 한다. 근무시간은 지방에 따라 차이가 있지만 주로 다음표와 같다. 또한 7, 8월은 휴가철이고 근무시간이 변경되는 경우가 많으므로 항상 근무 시간을 확인한다. **

- **관공서**　　월~금　　9:00 - 14:00
- **은행**　　　월~금　　9:00 - 14:00
- **일반회사**　월~금　　9:00 - 14:00, 17:00 - 20:00
- **일반상점**　월~금　　10:00 - 14:00, 17:00 - 20:00
- **백화점**　　월~토　　10:00 - 20:00
- **수퍼마켓**　월~토　　10:00 - 22:00

6 스페인의 언어 **

　　스페인의 공용어는 스페인어(español)이며 스페인 국내에서는 까스띠야어(castellano)라고 한다. 세계적으로 스페인어권의 나라는 22개국이며 약 4억 5천만의 인구가 사용하고 있다. 영어 다음으로 그 중요성이 커졌으며, 해마다 스페인어를 필수적으로 배우는 나라도 늘어가고 있다. 공용어인 스페인어 외에, 지역적으로 북부 지방의 갈리시아어(gallego), 바르셀로나를 중심으로 한 까딸루냐 지방의 까딸루냐어(catalán), 그리고 바스크 지방의 바스크어(vasco)가 있다. **

7 국민성 **

스페인 사람들은 대체적으로 낭만적이고 대인 관계가 부드러우며 친절한 반면, 자존심이 강하며 식민지 지배 습관이 은연중에 남아 있다. 대화를 즐기며 목소리가 큰 편이다. 또한 춤과 노래를 좋아하며 음악이 있는 곳에서는 음악에 도취되어 주위에 신경 쓰지 않고 즐긴다. 음식 문화가 매우 다양하게 발달하였으며, 식사 시간이 길고 포도주를 즐겨 마시고 밤늦게까지 담소를 즐긴다. 주말에는 식사 초대를 많이 하는 편이고, 외식을 좋아한다. **

8 종교 생활 **

카톨릭이 국교로 총인구의 95% 이상이 카톨릭 신자이다. 4세기에 이베리아 반도로 카톨릭이 전래되었으나, 8세기부터 15세기까지의 이슬람 통치시대를 거치면서, 약화되었던 카톨릭은 15세기 이베리아 반도의 통일과 함께 강력한 카톨릭 군주국가로 등장한다. 각 지방에는 종교 축제가 있는데, 수호 성인으로 받드는 성인의 날을 택하여 각종 행사와 축제가 열린다. 결혼식, 장례식 등 대부분의 경조사 행사는 카톨릭 식으로 거행된다. **

대문자	소문자	명칭	발음	대문자	소문자	명칭	발음
A	a	a(아)	아	N	n	ene(에네)	ㄴ
B	b	be(베)	ㅂ	Ñ	ñ	eñe(에녜)	니
C	c	ce(쎄)	ㅆ, ㄲ	O	o	o(오)	오
Ch	ch	che(체)	ㅊ	P	p	pe(뻬)	ㅃ
D	d	de(데)	ㄷ	Q	q	cu(꾸)	ㄲ
E	e	e(에)	에	R	r	ere(에레)	ㄹ, ㄹㄹ
F	f	efe(에페)	영어의 [f]	S	s	ese(에세)	ㅅ
G	g	ge(헤)	ㄱ, ㅎ	T	t	te(떼)	ㄸ
H	h	hache(아체)	묵음	U	u	u(우)	우
I	i	i(이)	이	V	v	uve (우베)	ㅂ
J	j	jota(호따)	ㅎ	W	w	uve doble (우베 도블레)	ㅂ, 우
K	k	ka(까)	ㄲ	X	x	equis(에끼스)	ㄱㅅ, ㅅ
L	l	ele(엘레)	ㄹ	Y	y	i griega (이 그리에가)	이
Ll	ll	elle(엘예)	ㄹ, 이	Z	z	zeta(쎄따)	ㅆ
M	m	eme(에메)	ㅁ				

11

출국준비와 탑승수속

1. 여권

● 여권은 해외여행을 위해 국외로 떠나는 사람에게 정부가 여행을 허가해준 허가증인 동시에 여행 중 여권 발행국가의 국민임을 증명할 수 있는 신분증명서이다. 따라서 여권은 신분증처럼 항상 필요하고 사용하는 경우가 다양하므로 여행 내내 소지해야 한다.

- 외국환 환전과 비자를 신청할 때
- 출·입국 수속할 때
- 면세점에서 면세 상품을 구입할 때
- 국제 운전면허증을 신청할 때
- 여행자수표로 대금 지급이나 현지 화폐로 환전할 때
- 여행자수표의 도난이나 분실 후 재발급 신청할 때
- 출국시 병역신고 의무자가 해외여행 신고를 할 때와 귀국 신고할 때
- 해외 여행중 한국에서 송금한 돈을 찾을 때
- 호텔 투숙할 때
- 해외에서 자신의 신분을 증명할 때

- 여권에는 단수여권(1회에 한하여 국외 여행할 수 있는 여권으로 유효기간은 1년)과 복수여권(유효기간 만료일까지 횟수에 제한 없이 사용할 수 있는 여권으로 유효기간은 5년)이 있다.

- 여권은 서울의 6개 구청 여권과와 14개 광역시청 및 도청 여권계에서 발급하며, 관용여권과 거주 여권은 외무부 여권과에서 발급한다. 신청에서 발급까지는 특별한 일이 없으면, 개인은 2~3일이 걸리며, 6월~8월과 12월~2월의 여행 성수기와 여행사 등의 대리인이 신청할 때는 10일 정도 걸린다. 여권이 발급되면 접수증과 주민등록증을 가지고 가서 여권을 받는다.

- 여권 발급을 위한 준비물은 다음과 같다.

  - 여권 발급 신청서
  - 여권용 사진 2매
  - 주민등록증
  - 병역관계 서류(병역의무자)
  - 부모 동의서(18세 미만)
  - 대리 신청시 뒷면 위임장 기재(위임자 및 대리인의 주민등록증 지참)
  - 발급비

2. 비자

비자는 방문하고자 하는 나라의 정부에서 입국을 허가해주는 일종의 허가증이다. 현재 우리나라는 많은 나라와 비자면제 협정을 맺고 있지만, 일부 국가에서는 비자를 요구하기도 한다. 스페인과 멕시코는 비자 없이도 90일 동안 체류할 수 있다.

🟢 비자 면제국가 (90일 체류)

- 니카라과, 도미니카, 도미니카 연방, 멕시코, 스페인,
- 엘살바도르, 코스타리카, 콜롬비아, 페루

3. 항공권

🟢 여행일정에 알맞은 항공권을 예약해야 한다. 여행일정과 할인 조건에 따라 요금이 다양하므로 자신의 여행일정과 할인 항공권의 조건을 잘 활용하여 가능한 한 일찍 서둘러 예약해야 저렴하게 항공권을 구입할 수 있다. 항공권을 예약하기 위해서는 여권에 적힌 영문이름, 출발일, 귀국일, 도착지, 귀국지를 정해야 한다. 이때 항공일정, 현지 도착시간, 출발시간 등을 체크한다.

4. 환전

🟢 가장 좋은 환전 방법은 출국하기 전에 한국에서 현지 화폐를 모두 환전해서 준비하는 것이다. 현재 유럽에서는 유로화가 단일화폐로 사용되고 있기 때문에 환전하기 편리하다. 유로화는 2002년 1월 1일부터 통용되었고 기존의 화폐는 사라졌다. 유럽에서 영국, 덴마크,

스웨덴을 제외한 12개국에서 유로화가 사용되고 있으며 유로화는 시중 은행에서 환전할 수 있다. 그리고 여행자수표의 사용도 가능하다. 여행자수표를 환전하면 먼저 위쪽에 서명을 하고 나중에 사용할 때 아래쪽에 서명한다. 또한 신용카드로 편리하게 사용할 수 있으며 귀국한 후에 우리나라 돈으로 결재가 가능하다.

5. 탑승 수속

⊃ 인천공항 3층의 출국장에 도착하면, 안내데스크나 항공사 카운터에 비치되어 있는 출입국 신고서를 작성한다. 병무신고는 여권, 출입국 신고서, 국외여행 허가필증을 준비하여 병무신고센터에 가서 한다. 출입국 신고서를 작성하여 여권과 항공권을 가지고 해당 항공사 카운터에 제출한다. 예약, 여권, 비자 등을 체크한 후에 탑승권을 받게 된다. 이때 창쪽이나 통로쪽 중의 좌석을 선택한다. 그리고 나서 수하물을 부친다. 수하물에는 귀중품이나 깨질 수 있는 물건은 넣지 않는다. 수하물을 부치고 난 후 짐표, 여권, 탑승권을 받아 출국게이트로 간다. 이때 짐표는 잘 보관해 둔다. 출국게이트를 지나 보안검색기를 통과하면 출국심사대가 있다. 여권, 탑승권, 출국신고서를 제시하면 출국도장을 찍어준다. 출국심사대를 통과하면 면세점이 있는데 시간적 여유가 있으면 면세점을 둘러보고 탑승시간에 맞추어 게이트로 간다. 탑승권에 적혀있는 게이트넘버를 확인하고 출발라운지로 향한다. 탑승이 시작되면 탑승권을 보여주고 탑승통로로 들어간다. 탑승통로는 비행기입구와 연결되어 있다.

기본표현

① 인사

○ 언어로 의사소통하면서 생활하는 우리들에게 있어서 인사말은 가장 일상적이고 중요한 표현이다.

- 안녕하십니까. (오전) 점심식사 전까지

    Buenos días.
    부에노스 디아스

- 안녕하십니까. (오후) 점심~저녁식사 전

    Buenas tardes.
    부에나스 따르데스

- 안녕하십니까. (밤) 저녁식사 이후

    Buenas noches.
    부에나스 노체스

- 안녕(히). (헤어질 때)

    Adiós.
    아디오스

- 안녕.

    Hola.
    올라

- 나중에 또 봅시다.

    Hasta luego.
    아스딸 루에고

- 다음에 또 만날 때까지 안녕.

  Hasta la vista.
  아스딸 라 비스따

- 나중에 또 만나요.

  Hasta pronto.
  아스따 쁘론또

- 일요일에 또 만나요.

  Hasta el domingo.
  아스따 엘 도밍고

2 por favor (뽀르 파보르)

○ 매우 많이 사용되는 표현이다. 부탁할 때 뿐만 아니라 질문을 하거나 길을 물어볼 때도 대화 중간에 자주 사용된다.

- (카페에서) 커피 한 잔 주세요.

  Un café, por favor.
  운 까페 뽀르 파보르

- (택시에서) 공항으로 가 주세요.

  Al aeropuerto, por favor.
  알 아에로뿌에르또 뽀르 파보르

- (가게에서) 오렌지 좀 주세요.

  Naranjas, por favor.
  나랑하스 뽀르 파보르

- (역에서) 마드리드행 표를 주세요.

  Para Madrid, por favor.
  빠라 마드릿 뽀르 파보르

- (호텔에서) 방 하나 부탁합니다.

    Una habitación, por favor.
    우나 아비따씨온 뽀르 파보르

- (거리에서) 지하철이 어디 있습니까?

    El metro, por favor.
    엘 메뜨로 뽀르 파보르

- (전화에서) 로뻬스씨 좀 바꿔주세요.

    El señor López, por favor.
    엘 세뇨르 로뻬스 뽀르 파보르

- (질문에서) 출구가 어디 있습니까?

    La salida, por favor.
    라 살리다 뽀르 파보르

- (질문에서) 당신의 이름은?

    Su nombre, por favor.
    수 놈브레 뽀르 파보르

- (대화에서) 여권을 보여주세요.

    Su pasaporte, por favor.
    수 빠사뽀르떼 뽀르 파보르

③ señor [세뇨르]

○ 지나가는 사람을 부르거나 상점에서 주인을 부를 경우에 다음과 같은 표현을 사용한다. 상대방이 기혼인지 미혼인지 모르는 경우에는 일단 **señora**를 사용한다.

- (거리에서) 선생님, 스페인광장이 어디 있습니까?

  Señor, la Plaza de España, por favor.
  세뇨르 라 쁠라싸 데 에스빠냐 뽀르 파보르

- (거리에서 여성에게) 여보세요, 지하철이 어디 있지요?

  Señora, ¿dónde está el metro?
  세뇨라 돈 데 에스따 엘 메뜨로

- (레스토랑에서) 아가씨, 메뉴 좀 주세요.

  Señorita, el menú, por favor.
  세뇨리따 엘 메누 뽀르 파보르

sí(씨)와 no(노)

○ 다른 사람의 질문에는 분명하게 sí나 no라고 대답한다. 그 대답만으로 부족하다면 다음과 같이 반복 또는 강조 표현을 사용한다.

- 네, 네.

  Sí, sí.
  씨 씨

- 아니, 아니에요.

  No, no.
  노 노

- 그렇고 말고요.

  Que sí.
  께 씨

- 아니란 말이에요.

  Que no.
  께 노

이외에 긍정과 부정을 나타내는 다른 표현도 있다.

- 물론이지.

  Por supuesto.
  뽀르 수뿌에스또

- 물론.

  Desde luego.
  데스델 루에고

- 그렇지.

  Claro que sí.
  끌라로 께 씨

- 확실하지.

  Cierto.
  씨에르또

- 아마.

  Tal vez.
  딸 베스

- 절대 아니야.

  De ningún modo.
  데 닌군 모도

- 난 아니라고 생각해.

    Creo que no.
    끄레오 께 노

어떤 권유를 받았을 때 '좋다'라는 대답으로는 bien[비엔]이나 de acuerdo[데 아꾸에르도]라고 한다.

- 한 잔 하자.

    ¡Vamos a tomar una copa!
    바모스 아 또마르 우나 꼬빠

- 좋아.

    De acuerdo.
    데 아꾸에르도

질문을 정확하게 이해하지 못한 상태에서 대충 어림잡아 대답하다가는 치명적인 실수를 범할 수 있다. 그럴 경우 다음과 같이 말하면 상대방이 다시 말해줄 것이다.

- 뭐라고요?

    ¿Cómo?
    꼬모

- 이해하지 못하겠습니다.

    No entiendo.
    노 엔띠엔도

- 다시 한 번 말씀해 주세요.

    Otra vez, por favor.
    오뜨라 베스 뽀르 파보르

- 천천히 말씀해 주세요.

  Hable despacio, por favor.
  아블레 데스빠씨오 뽀르 파보르

⑤ gracias [그라씨아스]

> 스페인어 사용 국민은 gracias [그라씨아스]라는 말을 자주 사용한다. 카페에서 커피를 주문했을 때 종업원이 그 커피를 갖고 오는 경우, 그리고 손님이 돈을 지불하는 경우에도 항상 gracias [그라씨아스]라고 말한다. ¿Cómo está? [꼬모 에스따] '어떻게 지내십니까?' 라는 인사에 대한 대답도 Bien, gracias [비엔 그라씨아스] '좋습니다. 감사합니다' 라고 하며 항상 gracias [그라씨아스]를 사용한다. 우리말에서는 하지 않고 넘어갈 상황에도 그들은 이 말을 자주 사용한다.

- 감사합니다.

  Gracias.
  그라씨아스

- 대단히 감사합니다.

  Muchas gracias.
  무차스 그라씨아스

- 커피 마실래? - 응, 고마워.

  ¿Quieres café? –Sí, gracias.
  끼에레스 까페 씨 그라씨아스

- 커피 마실래? - 아니, 고마워.

  ¿Quieres café? –No, gracias.
  끼에레스 까페 노 그라씨아스

6 perdón〔뻬르돈〕

○ 본의 아니게 다른 사람의 앞을 지나가게 되거나, 실수로 다른 사람의 발을 밟는 경우에는 적절한 표현으로 사과해야 한다.

■ 미안합니다.(실례합니다.)
Perdón.
뻬르돈

■ 죄송합니다. 선생님.
Perdón, señor.
뻬르돈 세뇨르

기본표현

perdón은 다른 사람에게 말을 걸어 무언가를 물어볼 때에도 사용한다. 또한 perdón은 이미 지난 실수에 대한 사과를 할 때나 앞으로 하고자 하는 일에 대한 양해를 구하고자 할 때도 사용된다.

■ 실례합니다, 아주머니. 역이 어디 있습니까?
Perdón, señora. ¿Dónde está la estación?
뻬르돈 세뇨라 돈데 에스딸 라 에스따씨온

perdóneme〔뻬르도네메〕와 dispénseme〔디스뻰세메〕는 모두 '용서하십시오'라는 표현으로, 직역하면 '저를 용서해주세요'라는 의미이다. 이미 범한 실수나 잘못에 대한 사과의 표현이다.

7 ¿Qué es esto? 〔께 에스 에스또〕

○ ¿Qué es esto?〔께 에스 에스또〕는 '이것은 무엇입니까?'라고 지시되는 사물에 대하여 묻는 표현이며, '이것' 대신에 **aquello** 〔아껠요〕 '저것', **eso** 〔에쏘〕 '그것'으로 바꾸어 질문할 수 있다.

- **이것은 무엇입니까?**
  ¿Qué es esto?
  께 에스 에스또

- **그것은 무엇입니까?**
  ¿Qué es eso?
  께 에스 에쏘

- **저것은 무엇입니까?**
  ¿Qué es aquello?
  께 에스 아껠요

사람에 대하여 '누구입니까?'라고 묻는 경우에는 ¿Quién es?〔끼엔 에스〕라고 한다. 그 외에도 ¿Cuándo?〔꾸안도〕, ¿Cuánto? 〔꾸안또〕, ¿Dónde?〔돈데〕, ¿Por qué?〔뽀르 께〕 등과 같은 표현이 있다.

- **누구십니까?**
  ¿Quién es?
  끼엔 에스

- **그는 언제 옵니까?**
  ¿Cuándo viene él?
  꾸안도 비에네 엘

- 얼마입니까?

    ¿Cuánto es?
    꾸안또 에스

- 너의 차는 어디 있니?

    ¿Dónde está tu coche?
    돈데 에스따 뚜 꼬체

- 왜 우니?

    ¿Por qué lloras?
    뽀르 께 요라스

주의해야 할 발음

○ 문장 안에서 l로 시작되는 단어가 오는 경우에는 다음과 같이 'ㄹ' 발음이 앞 단어의 마지막 음절의 받침에 들어간다.

- **de la ventana** [델 라 벤따나]
- **hasta luego** [아스딸 루에고]
- **Abre la ventana.** [아브렐 라 벤따나]

○ 위에서 단어 de, hasta, abre의 독립된 발음은 각각 [데], [아스따], [아브레]이지만 뒤 단어의 l의 영향으로 [델], [아스딸], [아브렐]로 발음되는 것이다.

- **de una casa** [데 우나 까사]
- **hasta mañana** [아스따 마냐나]
- **Abre una carta.** [아브레 우나 까르따]

일상회화

① 인 사

◎ 표 현

- 안녕.

  ¿Qué tal?
  께 딸

- 안녕하세요?

  ¿Cómo está?
  꼬모 에스따

- 어머니는 어떠시니?

  ¿Cómo está tu madre?
  꼬모 에스따 뚜 마드레

- 네, 잘 지내십니다.

  Sí, está bien.
  씨 에스따 비엔

- 내일 또 만나요.

  Hasta mañana.
  아스따 마냐나

- 다음에 또 만나요.

  Hasta la vista.
  아스딸 라 비스따

- 가족에게 안부 전해주세요.

    Recuerdos a su familia.
    레꾸에르도스 아 수 파밀리아

- 잘 지내세요.

    Que le vaya bien.
    껠레 바야 비엔

- 좋은 하루 보내세요!

    ¡Que pase un buen día!
    께 빠세 운 부엔 디아

깜짝센스

스페인 사람과 만나면 잘 아는 사람이 아니더라도 "Hola. 안녕(하세요)"라고 인사한다. 헤어질 때는 "Adiós. 안녕(히 가세요)."이라고 말한다. 스페인과 중남미에서 일반적으로 잘 아는 사람들끼리 만나 인사할 때는 서로 볼 키스를 한다. 그러나 처음 만나 인사하는 경우에는 우리처럼 자신의 이름을 분명하게 말하면서 악수를 한다.

수 미 : **Buenos días, señor López.**
부에노스 디아스 세뇨르 로뻬스

로뻬스 : **Buenos días, Sumi.**
부에노스 디아스 수미

수 미 : **¿Cómo está usted?**
꼬모 에스따 우스뗏

로뻬스 : **Estoy bien, gracias. ¿Y usted?**
에스또이 비엔 그라씨아스 이 우스뗏

수 미 : **Muy bien. Muchas gracias.**
무이 비엔 무차스 그라씨아스

수 미 : 안녕하세요, 로뻬스 씨.
로뻬스 : 안녕하세요, 수미.

수 미 : 어떻게 지내세요?
로뻬스 : 잘 지냅니다. 고마워요. 당신은?

수 미 : 잘 지냅니다. 대단히 감사합니다.

로뻬스 : **Hasta luego, Sumi. Que pase un buen día!**
아스딸 루에고 수미 께 빠세 운 부엔 디아

수 미 : **Gracias, igualmente. Adiós, señor López.**
그라씨아스 이구알멘떼 아디오스 세뇨르 로뻬스

로뻬스 : 다음에 만나요, 수미. 좋은 하루 보내세요.
수 미 : 감사합니다, 당신도요. 안녕히 계세요, 로뻬스 씨.

② 소 개

◯ 표 현

- 성함이 어떻게 되십니까?
  ¿Cómo se llama?
  꼬모 세 야마

- 저는 민수입니다.
  Me llamo Minsu.
  메 야모 민수

- 만나서 반갑습니다.
  Encantado.
  엔깐따도

- 저는 48세입니다.
  Tengo cuarenta y ocho años.
  뗑고 꾸아렌따 이 오쵸 아뇨스

- 그녀는 스페인어 선생님입니다.
  Es profesora de español.
  에스 쁘로페소라 데 에스빠뇰

- 그녀의 취미는 요리입니다.
  Su afición es cocinar.
  수 아피씨온 에스 꼬씨나르

- 그녀는 23세입니다.
  Ella tiene veintitrés años.
  엘야 띠에네 베인띠뜨레스 아뇨스

- 대학에서 법학을 공부하고 있습니다.
  Estudia derecho en la universidad.
  에스뚜디아 데레초 엔 라 우니베르시닷

- 저는 스페인 사람이지만 프랑스에 살고 있습니다.
  Soy español pero vivo en Francia.
  쏘이 에스빠뇰 뻬로 비보 엔 프란씨아

- 저는 의사이며 빠리의 한 병원에서 일하고 있습니다.
  Soy médico y trabajo en un hospital de París.
  쏘이 메디꼬 이 뜨라바호 엔 운 오스삐딸 데 빠리스

tú(너)와 usted(당신)

스페인어의 tú와 usted은 일반적으로 '너'와 '당신'으로 해석되며, 우리말과 우리 정서처럼 손아래 사람에게는 tú, 손위 사람에게는 usted을 사용하는 것으로 알고 있는 경우가 많은데, 스페인어에서 이 두 대명사의 사용 기준은 연령이 아니라 친숙의 정도임을 알아야 한다. 손위 사람에게도 대부분 tú를 사용하고, 연사가 청중을 향하여 vosotros(너희들)를 사용하기도 한다. 스페인에서 이웃주민이나 학교 선배에게 usted을 사용하는 것은 그리 친숙하지 않거나 상대방을 경계한다는 표현으로 인식될 수 있다. 스페인 사람은 초면에도 서로 tutear('너'라고 부르다, 말을 놓다) 하면서 친숙한 느낌을 표현한다.

민 수 : Perdón señorita. ¿Es usted la señorita Rojas?
뻬르돈 세뇨리따 에스 우스뗏 라 세뇨리따 로하스

로하스 : Sí, señor, soy Rojas. ¿Y usted?
씨 세뇨르 쏘이 로하스 이 우스뗏

민 수 : Soy Minsu Kim.
쏘이 민수 김

로하스 : Ah, es usted el señor Kim…
¿De dónde es usted?
아 에스 우스뗏 엘 세뇨르 김 데 돈데 에스 우스뗏

민 수 : Soy de Corea. Mucho gusto, señorita Rojas.
쏘이 데 꼬레아 무초 구스또 세뇨리따 로하스

로하스 : El gusto es mío, señor Kim.
엘 구스또 에스 미오 세뇨르 김

민 수 : 실례합니다. 당신이 로하스 양입니까?
로하스 : 네. 제가 로하스입니다. 그런데 당신은요?

민 수 : 저는 김민수입니다.
로하스 : 아, 당신이 김선생님… 어디서 오셨습니까?

민 수 : 한국에서 왔습니다. 반갑습니다, 로하스 양.
로하스 : 반갑습니다, 김 선생님.

③ 질문과 대답

● 표 현

- 이것은 무엇입니까?
  ¿Qué es esto?
  께 에스 에스또

- 성함이 무엇입니까?
  ¿Cómo se llama usted?
  꼬모 세 야마 우스뗏

- 어떤 일에 종사하십니까?
  ¿A qué se dedica?
  아 께 쎄 데디까

- 저는 학생입니다.
  Soy estudiante.
  쏘이 에스뚜디안떼

- 연세가 어떻게 되십니까?
  ¿Cuántos años tiene usted?
  꾸안또스 아뇨스 띠에네 우스뗏

- 저는 50세입니다.
  Tengo cincuenta años.
  뗑고 씽꾸엔따 아뇨스

- 몇 시입니까?
  ¿Qué hora es?
  께 오라 에스

- 오후 두 시입니다.

    Son las dos de la tarde.
    손 라스 도스 델 라 따르데

- 제 말을 이해합니까?

    ¿Me entiende usted?
    메 엔띠엔데 우스뗏

- 오늘이 며칠입니까?

    ¿Qué fecha es hoy?
    께 페차 에스 오이

- 오늘은 5월 10일입니다.

    Hoy es el diez de mayo.
    오이 에스 엘 디에스 데 마요

- 오늘은 무슨 요일입니까?

    ¿Qué día es hoy?
    께 디아 에스 오이

- 오늘은 일요일입니다.

    Hoy es domingo.
    오이 에스 도밍고

에티켓

처음 만나는 사람에게 개인의 신상에 대하여 지나치게 묻거나 결혼 여부를 묻는 것은 우리와는 달리 예의에 벗어나는 행동이니 조심해야 한다. 우리들에게는 무난한 질문이 그들에게는 거부감을 줄 수 있기 때문이다. 시간이나 가격 등을 묻는 일반적인 경우는 자주 발생하므로 이에 관련된 내용을 익혀두면 편리하다.

◯ 표현

- 얼마입니까?

    ¿Cuánto es?
    꾸안또 에스

- 20유로입니다.

    Son veinte euros.
    손 베인떼 에우로스

- 비싸군요.

    Es caro.
    에스 까로

- 매우 싸군요.

    Es muy barato.
    에스 무이 바라또

- 서울에 가보셨습니까?

    ¿Conoce usted Seúl?
    꼬노세 우스뗏 세울

- 전화번호가 몇 번입니까?

    ¿Cuál es su número de teléfono?
    꾸알 에스 수 누메로 데 뗄레포노

- 취미가 무엇입니까?

    ¿Cuál es su afición?
    꾸알 에스 수 아피씨온

- 제 취미는 요리입니다.

    Mi afición es cocinar.
    미 아피씨온 에스 꼬씨나르

④ 부 탁

○ 표 현

- 부탁합니다.

    Por favor.
    뽀르 파보르

- 여쭈어볼 것이 있습니다.

    Tengo una pregunta.
    뗑고 우나 쁘레군따

- 도와주세요.

    Ayúdeme, por favor.
    아유데메 뽀르 파보르

- 천천히 말씀해 주세요

    Hable despacio, por favor.
    아블레 데스빠씨오 뽀르 파보르

- 잠시만 기다려 주세요.

    Espéreme un momento, por favor.
    에스뻬레메 운 모멘또 뽀르 파보르

- 부탁 하나 해도 되겠습니까?

    ¿Puedo pedir un favor?
    뿌에도 뻬디르 운 파보르

- 다시 한 번 말씀해 주세요.

    Repítalo, por favor.
    레뻬딸로 뽀르 파보르

일상회화

- 말씀하신 것을 적어주세요.

    Apúnteme lo que ha dicho.
    아뿐떼멜 로 께 아 디초

- 저와 함께 동행해주실 수 있습니까?

    ¿Quiere acompañarme?
    끼에레 아꼼빠냐르메

- 계산서를 부탁합니다.

    La cuenta, por favor.
    라 꾸엔따 뽀르 파보르

- 맥주를 주세요.

    Cerveza, por favor.
    쎄르베싸 뽀르 파보르

- 마드리드행 표를 주세요.

    Un billete para Madrid, por favor.
    운 빌예떼 빠라 마드릿 뽀르 파보르

- 저에게 잡지를 주실 수 있겠습니까?

    ¿Podría darme una revista?
    뽀드리아 다르메 우나 레비스따

- 저 넥타이를 보여주시겠습니까?

    ¿Podría mostrarme aquella corbata?
    뽀드리아 모스뜨라르메 아껠야 꼬르바따

- 저에게 물 한 컵 주시겠습니까?

    ¿Podría darme un vaso de agua?
    뽀드리아 다르메 운 바소 데 아구아

⑤ 희 망

○ 표현

- 맥주를 마시고 싶어요.

    Quiero una cerveza.
    끼에로 우나 쎄르베싸

- 너와 춤을 추고 싶어.

    Quiero bailar contigo.
    끼에로 바일라르 꼰띠고

- 나는 당신과 함께 가고 싶지 않습니다.

    No quiero ir con usted.
    노 끼에로 이르 꼰 우스뗏

- 마요르 광장에 가고 싶습니다.

    Quiero ir a la Plaza Mayor.
    끼에로 이르 알 라 쁠라싸 마요르

- 이 구두를 사고 싶습니다.

    Quiero comprar estos zapatos.
    끼에로 꼼쁘라르 에스또스 싸빠또스

- 커피를 드시겠습니까?

    ¿Quiere tomar café?
    끼에레 또마르 까페

- 쇼핑하러 가시겠습니까?

    ¿Quiere ir de compras?
    끼에레 이르 데 꼼쁘라스

일상회화

- 무엇을 원하십니까?

  ¿Qué quería usted?
  께 께리아 우스뗏

- 저 넥타이를 보고 싶습니다.

  Quería ver aquella corbata.
  께리아 베르 아껠야 꼬르바따

- 저는 쉬고 싶습니다.

  Tengo ganas de descansar.
  뗑고 가나스 데 데스깐사르

- 내일 만납시다.

  Nos vemos mañana.
  노스 베모스 마냐나

6 기 원

○ 표 현

- 잘 지내기 바란다.

  Que te vaya bien.
  께 떼 바야 비엔

- 성공을 기원합니다.

  Que tenga éxito.
  께 뗑가 엑시또

- 주말을 즐겁게 보내세요.
  ¡Buen fin de semana!
  부엔 핀 데 세마나

- 즐거운 여행이 되기 바랍니다.
  ¡Buen viaje!
  부엔 비아헤

- 많이 드세요.
  ¡Buen provecho!
  부엔 쁘로베초

- 행운을 빕니다.
  Buena suerte.
  부에나 수에르떼

- 메리 크리스마스!
  ¡Feliz Navidad!
  펠리쓰 나비닷

- 새해 복 많이 받으세요!
  ¡Feliz Año Nuevo!
  펠리쓰 아뇨 누에보

- 생일 축하합니다!
  ¡Feliz cumpleaños!
  펠리쓰 꿈쁠레아뇨스

일상회화

⑦ 허락

◯ 표현

- 담배를 피워도 되겠습니까?

    ¿Puedo fumar?
    뿌에도 푸마르

- 들어가도 될까요?

    ¿Puedo entrar?
    뿌에도 엔뜨라르

- 여기 앉아도 됩니까?

    ¿Puedo sentarme aquí?
    뿌에도 센따르메 아끼

- 창문을 열어도 될까요?

    ¿Puedo abrir la ventana?
    뿌에도 아브리르 라 벤따나

- 전화를 사용할 수 있습니까?

    ¿Puedo usar el teléfono?
    뿌에도 우사르 엘 뗄레포노

- 성함을 여쭤봐도 될까요?

    ¿Puedo preguntar por su nombre?
    뿌에도 쁘레군따르 뽀르 수 놈브레

- 재킷을 벗어도 되겠습니까?

    ¿Puedo quitarme la chaqueta?
    뿌에도 끼따르멜 라 차께따

- 부탁 하나 드려도 될까요?

  ¿Puedo pedirle un favor?
  뿌에도 뻬디를레 운 파보르

- 달러로 지불할 수 있습니까?

  ¿Puedo pagar en dólares?
  뿌에도 빠가르 엔 돌라레스

- 당신과 함께 가도 되겠습니까?

  ¿Puedo ir con usted?
  뿌에도 이르 꼰 우스뗏

⑧ 전 화

○ 표 현

- 여보세요.

  ¿Oiga?
  오이가

- 누구십니까?

  ¿Con quién hablo?
  꼰 끼엔 아블로

- 루이스와 통화하고 싶습니다.

  Quisiera hablar con Luis.
  끼씨에라 아블라르 꼰 루이스

- 잠시만 기다리세요.

    Espére un momento, por favor.
    에스뻬레 운 모멘또 뽀르 파보르

- 루이스, 너에게 전화 왔어.

    Luis, es una llamada para ti.
    루이스 에스 우나 야마다 빠라 띠

- 지금 집에 없습니다.

    Ahora no está en casa.
    아오라 노 에스따 엔 까사

- 나중에 다시 전화하겠습니다.

    Vuelvo a llamar más tarde.
    부엘보 아 야마르 마스 따르데

- 누구라고 전할까요?

    ¿De parte de quién?
    데 빠르떼 데 끼엔

- 전화를 잘못 거셨습니다.

    Está equivocado.
    에스따 에끼보까도

- 미안합니다. 제가 잘못 걸었습니다.

    Perdone. Estoy equivocado.
    뻬르도네 에스또이 에끼보까도

9 감정 표현

⭕ 표 현

- 정말 기쁩니다.
  Me alegro mucho.
  메 알레그로 무초

- 당신을 만나서 기쁩니다.
  Me alegro de verte.
  메 알레그로 데 베르떼

- 훌륭합니다.
  Estupendo.
  에스뚜뻰도

- 저는 만족합니다.
  Estoy contento.
  에스또이 꼰뗀또

- 저는 행복합니다.
  Estoy feliz.
  에스또이 펠리쓰

- 기분이 좋지 않습니다.
  Estoy de mal humor.
  에스또이 데 말 우모르

- 저는 슬퍼요.
  Estoy triste.
  에스또이 뜨리스떼

- 저는 실망했습니다.
  Estoy desesperado.
  에스또이 데쎄스뻬라도

- 저는 두렵습니다.
  Tengo miedo.
  뗑고 미에도

- 나는 화가 났습니다.
  Estoy enfadado.
  에스또이 엔파다도

- 나는 그녀에게 화가 났습니다.
  Estoy enfadado con ella.
  에스또이 엔파다도 꼰 엘야

- 나에게 화내지 마.
  No te enfades conmigo.
  노 떼 엔파데스 꼰미고

⑩ 기본 필수 어휘

 **números cardinales**

0	cero [쎄로]	16	dieciséis [디에씨쎄이스]
1	uno [우노]	17	diecisiete [디에씨씨에떼]
2	dos [도스]	18	dieciocho [디에씨오초]
3	tres [뜨레스]	19	diecinueve [디에씨누에베]
4	cuatro [꾸아뜨로]	20	veinte [베인떼]
5	cinco [씽꼬]	21	veintiuno [베인띠우노]
6	seis [쎄이스]	22	veintidós [베인띠도스]
7	siete [씨에떼]	23	veintitrés [베인띠뜨레스]
8	ocho [오초]	24	veinticuatro [베인띠꾸아뜨로]
9	nueve [누에베]	25	veinticinco [베인띠씽꼬]
10	diez [디에스]	26	veintiséis [베인띠쎄이스]
11	once [온쎄]	27	veintisiete [베인띠씨에떼]
12	doce [도쎄]	28	veintiocho [베인띠오초]
13	trece [뜨레쎄]	29	veintinueve [베인띠누에베]
14	catorce [까또르쎄]	30	treinta [뜨레인따]
15	quince [낀쎄]		

일상회화

40	cuarenta	〔꾸아렌따〕
50	cincuenta	〔씽꾸엔따〕
60	sesenta	〔세센따〕
70	setenta	〔세뗀따〕
80	ochenta	〔오첸따〕
90	noventa	〔노벤따〕
100	ciento	〔씨엔또〕
200	doscientos	〔도스씨엔또스〕
300	trescientos	〔뜨레스씨엔또스〕
400	cuatrocientos	〔꾸아뜨로씨엔또스〕
500	quinientos	〔끼니엔또스〕
1,000	mil	〔밀〕
10,000	diez mil	〔디에스 밀〕
100,000	cien mil	〔씨엔 밀〕
1,000,000	un millón	〔운 밀욘〕

서수 2 números ordinales

1°	primero 〔쁘리메로〕		2°	segundo 〔세군도〕
3°	tercero 〔떼르세로〕		4°	cuarto 〔꾸아르또〕
5°	quinto 〔낀또〕		6°	sexto 〔쎄스또〕
7°	séptimo 〔셉띠모〕		8°	octavo 〔옥따보〕
9°	noveno 〔노베노〕		10°	décimo 〔데씨모〕

요일 3 días de la semana

- 월요일　lunes　[루네스]
- 화요일　martes　[마르떼스]
- 수요일　miércoles　[미에르꼴레스]
- 목요일　jueves　[후에베스]
- 금요일　viernes　[비에르네스]
- 토요일　sábado　[싸바도]
- 일요일　domingo　[도밍고]

월 4 mes

- 1월　enero　[에네로]
- 2월　febrero　[페브레로]
- 3월　marzo　[마르쏘]
- 4월　abril　[아브릴]
- 5월　mayo　[마요]
- 6월　junio　[후니오]
- 7월　julio　[훌리오]
- 8월　agosto　[아고스또]

- 9월   septiembre [셉띠엠브레]
- 10월   octubre [옥뚜브레]
- 11월   noviembre [노비엠브레]
- 12월   diciembre [디씨엠브레]

시간 5 *tiempo*

- 지금   ahora [아오라]
- 오늘   hoy [오이]
- 어제   ayer [아예르]
- 그저께 anteayer [안떼아예르]
- 내일   mañana [마냐나]
- 모레   pasado mañana [빠사도 마냐나]
- 오전에 por la mañana [뽀를 라 마냐나]
- 오후에 por la tarde [뽀를 라 따르데]
- 밤에   por la noche [뽀를 라 노체]
- 정오   mediodía [메디오디아]
- 자정   medianoche [메디아노체]
- 금년   este año [에스떼 아뇨]
- 내년   el año próximo [엘 아뇨 쁘록시모]

- 작년　　　　el año pasado　〔엘 아뇨 빠사도〕
- 2시다　　　son las dos　〔손 라스 도스〕
- 3시 20분이다　son las tres y veinte　〔손 라스 뜨레스 이 베인떼〕
- 2시에　　　a las dos　〔알 라스 도스〕
- 오전 7시　　las siete de la mañana　〔라스 씨에떼 델 라 마냐나〕
- 오후 7시　　las siete de la tarde　〔라스 씨에떼 델 라 따르데〕
- 3시 10분에　a las tres y diez　〔알 라스 뜨레스 이 디에스〕
- 6시 15분에　a las seis y cuarto　〔알 라스 세이스 이 꾸아르또〕
- 7시 반에　　a las siete y media　〔알 라스 씨에떼 이 메디아〕
- 10시 정각에　a las diez en punto　〔알 라스 디에스 엔 뿐또〕
- 1분　　　　un minuto　〔운 미누또〕
- 1시간　　　una hora　〔우나 오라〕
- 1일　　　　un día　〔운 디아〕
- 1주일　　　una semana　〔우나 세마나〕
- 1개월　　　un mes　〔운 메스〕
- 1년　　　　un año　〔운 아뇨〕

일상회화

가족 6 familia

- 아버지 el padre [엘 빠드레]
- 어머니 la madre [라 마드레]
- 부모 los padres [로스 빠드레스]
- 부인 la mujer [라 무헤르]
- 남편 el marido [엘 마리도]
- 부부 el matrimonio [엘 마뜨리모니오]
- 아들 el hijo [엘 이호]
- 딸 la hija [라 이하]
- 형 el hermano mayor [엘 에르마노 마요르]
- 누나 la hermana mayor [라 에르마나 마요르]
- 남동생 el hermano menor [엘 에르마노 메노르]
- 여동생 la hermana menor [라 에르마나 메노르]
- 할아버지 el abuelo [엘 아부엘로]
- 할머니 la abuela [라 아부엘라]
- 조부모 los abuelos [로스 아부엘로스]
- 손자 el nieto [엘 니에또]
- 손녀 la nieta [라 니에따]
- 삼촌 el tío [엘 띠오]
- 숙모 la tía [라 띠아]

- 사촌　　　　　el primo 〔엘 쁘리모〕
- 미혼자(녀)　　soltero(ra) 〔쏠떼로(라)〕
- 기혼자(녀)　　casado(da) 〔까사도(다)〕
- 이혼자(녀)　　divorciado(da) 〔디보르씨아도(다)〕
- 홀아비(홀어미) viudo(da) 〔비우도(다)〕

7 tiempo

- 해　　　　　　sol 〔쏠〕
- 날씨가 좋다　　hace buen tiempo 〔아쎄 부엔 띠엠뽀〕
- 날씨가 나쁘다　hace mal tiempo 〔아쎄 말 띠엠뽀〕
- 흐리다　　　　está nublado 〔에스따 누블라도〕
- 비　　　　　　la lluvia 〔라 유비아〕
- 비가 오다　　　llueve 〔유에베〕
- 바람　　　　　el viento 〔엘 비엔또〕
- 바람이 불다　　hace viento 〔아쎄 비엔또〕
- 눈　　　　　　la nieve 〔라 니에베〕
- 눈이 오다　　　nieva 〔니에바〕
- 소나기　　　　el chubasco 〔엘 추바스꼬〕
- 폭풍우　　　　la tormenta 〔라 또르멘따〕
- 태풍　　　　　el tifón 〔엘 띠폰〕

- 덥다   hace calor [아쎄 깔로르]
- 춥다   hace frío [아쎄 프리오]
- 기온   la temperatura [라 뗌뻬라뚜라]
- 습도   la humedad [라 우메닷]
- 건조한   seco [세꼬]
- 습한   húmedo [우메도]
- 20도   veinte grados [베인떼 그라도스]
- 영하 10도   diez grados bajo cero
  [디에스 그라도스 바호 쎄로]
- 날씨가 시원하다   hace fresco [아쎄 프레스꼬]
- 날씨가 따뜻하다   el tiempo es templado
  [엘 띠엠뽀 에스 뗌쁠라도]

색깔 8 color

- 흰색   blanco [블랑꼬]
- 검정   negro [네그로]
- 회색   gris [그리스]
- 갈색   marrón [마론]
- 빨강   rojo [로호]
- 분홍   rosa [로사]
- 주황   naranja [나랑하]

- 노랑   amarrillo [아마릴요]
- 초록   verde [베르데]
- 파랑   azul [아쑬]
- 자주   purpúreo [뿌르뿌레오]
- 금색   oro [오로]
- 은색   argentino [아르헨띠노]

9 방향 *dirección*

- 동   el este [엘 에스떼]
- 서   el oeste [엘 오에스떼]
- 남   el sur [엘 수르]
- 북   el norte [엘 노르떼]
- 남동   el sudeste [엘 수데스떼]
- 북동   el nordeste [엘 노르데스떼]
- 남서   el sudoeste [엘 수도에스떼]
- 북서   el noroeste [엘 노로에스떼]
- 왼쪽   la izquierda [라 이쓰끼에르다]
- 오른쪽 la derecha [라 데레차]
- 중앙   el centro [엘 쎈뜨로]

10 신체의 부분

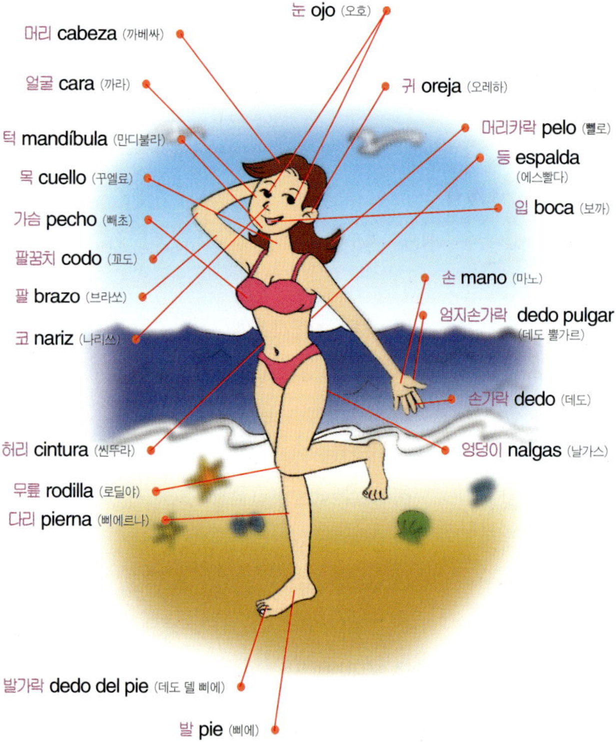

- 머리 cabeza (까베싸)
- 얼굴 cara (까라)
- 턱 mandíbula (만디불라)
- 목 cuello (꾸엘료)
- 가슴 pecho (뻬초)
- 팔꿈치 codo (꼬도)
- 팔 brazo (브라쏘)
- 코 nariz (나리쓰)
- 허리 cintura (씬뚜라)
- 무릎 rodilla (로딜야)
- 다리 pierna (삐에르나)
- 눈 ojo (오호)
- 귀 oreja (오레하)
- 머리카락 pelo (뻴로)
- 등 espalda (에스빨다)
- 입 boca (보까)
- 손 mano (마노)
- 엄지손가락 dedo pulgar (데도 뿔가르)
- 손가락 dedo (데도)
- 엉덩이 nalgas (날가스)
- 발가락 dedo del pie (데도 델 삐에)
- 발 pie (삐에)

출국 · 입국

1. 출국
2. 기내에서
3. 입국심사
4. 세관
5. 환전

❶ 출국
Salida

유용한 표현

- 마드리드 항공편을 예약하고 싶습니다.

  Quiero reservar un vuelo a Madrid.

  끼에로 레쎄르바르 운 부엘로 아 마드릿

- 마드리드행 비행기표를 원합니다.

  Quiero un billete de avión a Madrid.

  끼에로 운 빌예떼 데 아비온 아 마드릿

- 언제 어디서 티켓을 받을 수 있습니까?

  ¿Cuándo y dónde puedo recibir el billete?

  꾸안도 이 돈데 뿌에도 레씨비르 엘 빌예떼

- 이베리아 항공사 카운터가 어디에 있습니까?

  ¿Dónde está el mostrador de IBERIA?

  돈데 에스따 엘 모스뜨라도르 데 이베리아

- 몇 시에 탑승합니까?

  ¿A qué hora embarcamos?

  아 께 오라 엠바르까모스

- 탑승구는 몇 번입니까?

  ¿Cuál es el número de puerta?

  꾸알 에스 엘 누메로 데 뿌에르따

- 금연석 있습니까?

  ¿Hay asiento no fumadores libre?
  아이 아씨엔또 노 푸마도레스 리브레

- 제 자리가 어디에 있습니까?

  ¿Dónde está mi asiento?
  돈데 에스따 미 아씨엔또

- 이것 좀 보관해주시겠습니까?

  ¿Podría guardarlo?
  뽀드리아 구아르다를로

어 휘

· 항공회사	la compañía aérea	라 꼼빠니아 아에레아
· 공항	el aeropuerto	엘 아에로뿌에르또
· 편도	ida	이다
· 왕복	ida y vuelta	이다 이 부엘따
· 국내선	la línea nacional	라 리네아 나씨오날
· 국제선	la línea internacional	라 리네아 인떼르나씨오날
· 출발하다	salir	살리르
· 도착하다	llegar	예가르
· 출발	la salida	라 살리다
· 도착	la llegada	라 예가다
· 공항세	impuesto de aeropuerto	임뿌에스또 데 아에로뿌에르또
· 승객	pasajero(ra)	빠사헤로(라)
· 항공운임	tarifa aérea	따리파 아에레아
· 하물	equipaje	에끼빠헤
· 수하물	equipaje de mano	에끼빠헤 데 마노
· 초과수하물	exceso de equipaje	엑쎄소 데 에끼빠헤
· 면세점	tienda libre de impuestos	띠엔달 리브레 데 임뿌에스또스

❷ 기내에서
En el avión

유용한 표현

- 화장실은 어디에 있습니까?

  ¿Dónde está el servicio?
  돈데 에스따 엘 쎄르비씨오

- 흡연석으로 바꾸고 싶습니다.

  Quiero cambiar de asiento al de fumadores.
  끼에로 깜비아르 데 아씨엔또 알 데 푸마도레스

- 담배를 피울 수 있습니까?

  ¿Puedo fumar?
  뿌에도 푸마르

- 지나갈 수 있습니까?

  ¿Puedo pasar?
  뿌에도 빠사르

- 제 헤드폰이 작동하지 않습니다.

  Mi auricular no funciona bien.
  미 아우리꿀라르 노 푼씨오나 비엔

- 멀미약 있습니까?

  ¿Tiene medicina contra el mareo?
  띠에네 메디씨나 꼰뜨라 엘 마레오

- 마드리드에 몇 시에 도착합니까?
  ¿A qué hora llega a Madrid?
  아 께 오라 예가 아 마드릿

- 정시에 도착합니까?
  ¿Llegamos a tiempo?
  예가모스 아 띠엠뽀

- 10분 늦게 도착합니다.
  Llegamos diez minutos más tarde.
  예가모스 디에스 미누또스 마스 따르데

- 이 서류를 어떻게 써야 하는지 가르쳐주세요.
  Enséñame cómo llenar este documento.
  엔세냐메 꼬모 예나르 에스떼 도꾸멘또

어휘

한국어	스페인어	발음
이륙	el despegue	엘 데스뻬게
착륙	el aterrizaje	엘 아떼리싸헤
지연	el retraso	엘 레뜨라쏘
여승무원	la azafata	라 아싸파따
파일럿	el piloto	엘 삘로또
기장	el capitán	엘 까삐딴
금연	prohibido fumar	쁘로이비도 푸마르
창측	a la ventanilla	알 라 벤따닐야
통로측	al pasillo	알 빠실요
담요	la manta	라 만따
식사	la comida	라 꼬미다
화장실	el baño	엘 바뇨
멀미	el mareo	엘 마레오
사용중	ocupado	오꾸빠도
비었음	libre	리브레
시차	diferencia de horas	디페렌시아 데 오라스
안전벨트	el cinturón de seguridad	엘 씬뚜론 데 세구리닷

출국·입국

Diálogo

실용회화

- 승 객 : Estoy un poco mareado. Tráigame una pastilla para el mareo, por favor.
  에스또이 운 뽀꼬 마레아도 뜨라이가메 우나 빠스띨야 빠라 엘 마레오 뽀르 파보르

  승무원 : Si, señor. ¿Algo más?
  씨 세뇨르 알고 마스

- 승 객 : ¿Puede traerme una revista?
  뿌에데 뜨라에르메 우나 레비스따

  승무원 : No tenemos revistas pero tenemos periódicos.
  노 떼네모스 레비스따스 뻬로 떼네모스 뻬리오디꼬스

- 승 객 : Bien. Un periódico, por favor.
  비엔 운 뻬리오디꼬 뽀르 파보르

- 승　　　객 : 멀미가 좀 납니다. 멀미약 좀 주세요.
  승 무 원 : 네, 알겠습니다. 다른 것도 필요하세요?
- 승　　　객 : 잡지 좀 갖다 주시겠습니까?
  승 무 원 : 잡지는 없고 신문이 있습니다.
- 승　　　객 : 좋아요. 그럼 신문을 주세요.

기내에서

유럽까지는 대략 12시간 이상 걸리기 때문에, 장시간의 비행에서 오는 지루함을 달래기 위하여 여러 프로그램이 제공된다. 영화나 음악은 기본이고 식사, 음료수, 그리고 여러 외국어로 된 일간지나 잡지가 제공된다. 이와 같은 것을 적절하게 활용하거나 개인적으로 잡지나 책을 준비해서 지루하지 않고 즐거운 여행이 되도록 한다.

기내에서는 승무원들이 모든 서비스를 제공하기 때문에 출발부터 도착에 이르기까지 담당 승무원의 서비스를 받게 된다. 서비스를 요청하는 경우에는 좌석 팔걸이에 있는 버튼을 누른다. 단, 특별한 경우가 아니라면 승무원이 옆을 지나갈 때 불러서 서비스를 요청하는 것이 좋다. 기내잡지는 영화, 음악, 서비스 등에 대하여 알려주며, 기내에서 판매하는 면세품도 상세하게 나와 있다.

❸ 입국심사
Control de pasaportes

유용한 표현

- 얼마나 머무를 생각입니까?

    ¿Cuántos días piensa quedarse?
    꾸안또스 디아스 삐엔사 께다르세

- 친척들을 방문하려고 합니다.

    Voy a visitar a mis parientes.
    보이 아 비씨따르 아 미스 빠리엔떼스

- 회의에 참석하려고 왔습니다.

    Para participar en una conferencia.
    빠라 빠르띠씨빠르 엔 우나 꼰페렌시아

- 어디에서 숙박하실 겁니까?

    ¿Dónde va a hospedarse?
    돈데 바 아 오스뻬다르세

- 호텔에 묵을 겁니다.

    Quiero alojarme en el hotel.
    끼에로 알로하르메 엔 엘 오뗄

- 친구 집에 가려고 합니다.

    Voy a la casa de mi amigo.
    보이 알 라 까사 데 미 아미고

- 비자를 가지고 있습니까?

  ¿Tiene visado?
  띠에네 비사도

- 최종 목적지는 어디입니까?

  ¿Cuál es su destino final?
  꾸알 에스 수 데스띠노 피날

 어 휘

· 여권	el pasaporte	엘 빠사뽀르떼
· 관광	el turismo	엘 뚜리스모
· 입국	la inmigración	라 인미그라씨온
· 출국	la emigración	라 에미그라씨온
· 입국카드	la tarjeta de entrada	라 따르헤따 데 엔뜨라다
· 비자	el visado	엘 비사도
· 서명	la firma	라 피르마
· 비거주자	no residente	노 레시덴떼
· 외국인	extranjero(ra)	에스뜨랑헤로(라)
· 국적	la nacionalidad	라 나씨오날리닷
· 주소	la dirección	라 디렉씨온
· 생년월일	fecha de nacimiento	페차 데 나씨미엔또
· 사업	el negocio	엘 네고씨오
· 단체	el grupo	엘 그루뽀
· 개인	el individual	엘 인디비두알

출국 · 입국

Diálogo

실용회화

- 경찰관 : **Pasaporte, por favor, señor.**
  빠싸뽀르떼 뽀르 파보르 세뇨르
- 관광객 : **Aquí tiene.**
  아끼 띠에네

- 경찰관 : **¿Cuál es el motivo de su viaje?**
  꾸알 에스 엘 모띠보 데 수 비아헤
- 관광객 : **Para turismo.**
  빠라 뚜리스모

- 경찰관 : **¿Cuánto tiempo van a estar en España?**
  꾸안또 띠엠뽀 반 아 에스따르 엔 에스빠냐
- 관광객 : **Dos meses, más o menos.**
  도스 메세스 마스 오 메노스

- 경찰관 : **¿Tiene usted el billete de vuelta?**
  띠에네 우스뗏 엘 빌예떼 데 부엘따
- 관광객 : **Sí, lo tengo.**
  씨 로 뗑고

- 경찰관 : **Bien. ¡Qué tenga buen viaje!**
  비엔 께 뗑가 부엔 비아헤
- 관광객 : **Gracias.**
  그라씨아스

- 경찰관 : 여권을 주시겠습니까?
  관광객 : 여기 있습니다.

- 경찰관 : 방문 목적은 무엇입니까?
  관광객 : 관광입니다.

- 경찰관 : 스페인에 얼마동안 머무르실 겁니까?
  관광객 : 대략 2개월 정도 머무를 겁니다.

- 경찰관 : 돌아가실 항공권은 있습니까?
  관광객 : 네, 있습니다.

- 경찰관 : 좋습니다. 즐겁게 여행하시기 바랍니다.
  관광객 : 감사합니다.

입국심사

목적지에 도착하기 전에 기내에서 승무원이 입국신고서와 세관신고서를 나누어준다. 간단하게 영어로 작성해서 보관한다. 비행기에서 내려 통로를 따라가면 입국심사대가 나온다. 입국심사대는 내국인용, 유럽국가용, 외국인용으로 되어 있다. 우리는 당연히 외국인용으로 가야 한다. 줄을 서서 기다리다 차례가 되면 여권과 입국신고서를 제출한다. 위의 실용회화에 나오는 것과 같은 간단한 질문에 대답하면 여권에 입국스탬프를 찍어주거나 아무 질문 없이 도장만 찍어주기도 한다. 입국심사대를 통과하면 출발지에서 보낸 수하물을 찾는다.

❹ 세 관
Aduana

유용한 표현

- 신고하실 물건이 있습니까?
  ¿Tiene algo de declarar?
  띠에네 알고 데 데끌라라르

- 저는 신고할 것이 없습니다.
  No tengo nada de declarar.
  노 뗑고 나다 데 데끌라라르

- 위스키 두 병을 갖고 있습니다.
  Tengo dos botellas de whisky.
  뗑고 도스 보뗄야스 데 위스끼

- 제 친구에게 줄 선물입니다.
  Es un regalo para mi amigo.
  에스 운 레갈로 빠라 미 아미고

- 저의 개인소지품입니다.
  Son mis cosas personales.
  손 미스 꼬사스 뻬르소날레스

- 세금을 내야 합니까?
  ¿Tengo que pagar impuestos?
  뗑고 께 빠가르 임뿌에스또스

■ 세금을 신용카드로 낼 수 있습니까?
¿Puedo pagar los impuestos con mi tarjeta de crédito?
뿌에도 빠가르 로스 임뿌에스또스 꼰 미 따르헤따 데 끄레디또

■ 이 카메라는 내가 사용하는 것입니다.
Estas cámaras son para mi uso personal.
에스따스 까마라스 손 빠라 미 우소 뻬르소날

■ 옷과 개인소지품만 갖고 있습니다.
Sólo tengo ropas y unas cosas personales.
쏠로 뗑고 로빠스 이 우나스 꼬사스 뻬르소날레스

어휘

세관	la aduana	라 아두아나
세관원	el aduanero	엘 아두아네로
관세법	derecho de aduana	데레초 데 아두아나
면세	exento de impuesto	엑센또 데 임뿌에스또
신고하다	declarar	데끌라라르
지불하다	pagar	빠가르
세관신고서	declaración de aduana	데끌라라씨온 데 아두아나
세금	impuesto	임뿌에스또
면세품	los artículos sin impuesto	로스 아르띠꿀로스 씬 임뿌에스또
수하물 찾는 곳	recogida de equipaje	레꼬히다 데 에끼빠헤
가방	la maleta	라 말레따
배낭	la mochila	라 모칠라
카메라	la cámara	라 까마라
술	licor / bebida alcohólica	리꼬르 / 베비다 알꼬올리까
위스키	whisky	위스끼

Diálogo — 실용회화

- 세관원 : **Su pasaporte y declaración, por favor.**
  수 빠사뽀르떼 이 데끌라라씨온 뽀르 파보르
  여행자 : **Aquí tiene.**
  아끼 띠에네

- 세관원 : **¿Tiene algo que declarar?**
  띠에네 알고 께 데끌라라르
  여행자 : **No, nada.**
  노 나다

- 세관원 : **¿Cuántas maletas tiene usted, señor?**
  꾸안따스 말레따스 띠에네 우스뗃 쎄뇨르
  여행자 : **Una maleta grande y dos pequeñas.**
  우나 말레따 그란데 이 도스 뻬께냐스

- 세관원 : **¿Qué tiene usted en la maleta grande?**
  께 띠에네 우스뗃 엔 라 말레따 그란데
  여행자 : **Sólo tengo ropa.**
  솔로 뗑고 로빠

- 세관원 : **Y en la maleta pequeña, ¿qué tiene usted?**
  이 엔 라 말레따 뻬께냐 께 띠에네 우스뗃
  여행자 : **En la maleta pequeña tengo regalos para mi famila.**
  엔 라 말레따 뻬께냐 뗑고 레갈로스 빠라 미 파밀리아

- 세관원 : **Está bien. Gracias.**
  에스따 비엔 그라씨아스

- 세관원 : 여권과 신고서를 보여주세요.
  여행자 : 여기 있습니다.

- 세관원 : 신고할 물품을 갖고 계십니까?
  여행자 : 아니오, 없습니다.

- 세관원 : 가방을 몇 개나 갖고 계십니까?
  여행자 : 큰 가방 하나와 작은 가방 두 개를 갖고 있습니다.

- 세관원 : 큰 가방에는 무엇이 있습니까?
  여행자 : 옷만 있습니다.

- 세관원 : 작은 가방에는 무엇이 있습니까?
  여행자 : 작은 가방에는 제 가족에게 줄 선물이 있습니다.

- 세관원 : 좋습니다. 감사합니다.

세관 통과

짐을 찾은 후에 세관심사대로 간다. 그곳을 통과해야 비로소 입국 수속이 끝나는 것이다. 세관에 신고할 물건이 없는 사람은 녹색으로 표시된 Nothing to Declare쪽으로 간다. 비행기에서 작성한 세관신고서와 여권을 세관원에게 제출한다. 간혹 세관신고서를 작성하지 않는 나라도 있다. 입국심사와 마찬가지로, 특별한 물품일 경우가 아니면 별 문제없이 통과할 수 있다.

❺ 환 전
Cambio

유용한 표현

- 어디서 돈을 바꿀 수 있습니까?
  ¿Dónde puedo cambiar la moneda?
  돈데 뿌에도 깜비아를 라 모네다

- 환전소가 어디 있습니까?
  ¿Dónde está la oficina de cambio?
  돈데 에스딸 라 오피씨나 데 깜비오

- 은행은 몇 시까지 문을 엽니까?
  ¿Hasta qué hora está abierto el banco?
  아쓰따 께 오라 에스따 아비에르또 엘 방꼬

- 환율이 어떻게 됩니까?
  ¿Cuánto es la tasa de cambio?
  꾸안또 에슬 라 따사 데 깜비오

- 오늘의 환율은 얼마입니까?
  ¿Cuál es el cambio de hoy?
  꾸알 에스 엘 깜비오 데 오이

- 이 여행자수표를 현금으로 바꾸려 합니다.
  Quiero cambiar este cheque de viaje en efectivo.
  끼에로 깜비아르 에스떼 체께 데 비아헤 엔 에펙띠보

- 이 지폐를 동전으로 바꿔주세요.
  Cambie este billete en monedas.
  깜비에 에스떼 빌예떼 엔 모네다스

- 수수료는 얼마입니까?
  ¿Cuánto es de comisión?
  꾸안또 에스 데 꼬미씨온

- 계산이 잘못된 것 같습니다.
  Creo que está equivocado el cálculo.
  끄레오 께 에스따 에끼보까도 엘 깔꿀로

 어휘

환전소	la casa de cambio	라 까사 데 깜비오
은행	el banco	엘 방꼬
지폐	el billete	엘 빌예떼
현금	el efectivo	엘 에펙띠보
수표	el cheque	엘 체께
여행자수표	cheque de viaje	체께 데 비아헤
동전	moneda metálica	모네다 메딸리까
잔돈	el suelto	엘 수엘또
수수료	la comisión	라 꼬미시온
예금	el depósito	엘 데뽀시또
이자	el interés	엘 인떼레스
인출하다	retirar	레띠라르
서명	la firma	라 피르마
환율	el tipo de cambio	엘 띠뽀 데 깜비오
환전증명서	el certificado de cambio	엘 쎄르띠피까도 데 깜비오

Diálogo

 실용회화

■ 여행자 : ¿Cuánto es la tasa de cambio? Quiero cambiar estos cheques de viaje en euros.
꾸안또 에슬 라 따사 데 깜비오 끼에로
깜비아르 에스또스 체께스 데 비아헤 엔 에우로스

직 원 : Su pasaporte, por favor.
수 빠싸뽀르떼 뽀르 파보르

■ 여행자 : Aquí tiene.
아끼 띠에네

직 원 : Gracias, señor. Firme los cheques y aquí también.
그라씨아스 세뇨르 피르멜 로스 체께스 이 아끼 땀비엔

■ 여행자 : ¿Eso es todo?
에쏘 에스 또도

직 원 : Sí, señor. ¿Cómo quiere el dinero?
씨 세뇨르 꼬모 끼에레 엘 디네로

■ 여행자 : Déme veinte billetes de quinientos, diez de doscientos y el resto en billetes de cien euros.
데메 베인떼 빌예떼스 데 끼니엔또스 디에스 데
도스씨엔또스 이 엘 레스또 엔 빌예떼스 데 씨엔 에우로스

- 여행자 : 환율이 얼마입니까? 이 여행자수표를 유로화로 바꾸고 싶습니다.
  직　원 : 여권 좀 주세요.
- 여행자 : 여기 있습니다.
  직　원 : 감사합니다. 이 수표와 여기에 서명을 해주세요.
- 여행자 : 됐습니까?
  직　원 : 네. 돈을 어떻게 드릴까요?
- 여행자 : 500유로 짜리 20장, 200유로 짜리 10장, 그리고 나머지는 100유로 짜리로 주세요.

환전

가장 좋은 방법은 한국에서 유럽 현지의 화폐를 준비하는 것이다. 현재 유럽에서는 유로(euro)화가 1999년 처음 도입되어 2002년 1월 1일을 시작으로 전면적으로 통용되기 시작했으며, 기존 화폐는 사라지게 되었다. 따라서 유로화로 인하여 환전에 대한 부담감이 적어진 셈이다. 현재 유럽 15개국 중에서 영국, 덴마크, 스웨덴을 제외한 12개국(프랑스, 스페인, 이탈리아, 포르투갈, 독일, 네덜란드, 오스트리아, 벨기에, 핀란드, 아일랜드, 룩셈부르크, 그리스)에서 유로화가 통용되고 있다. 현재 유로화는 시중은행에서 쉽게 환전할 수 있다. 지폐는 5, 10, 20, 50, 100, 200, 500유로의 7종류가 있고, 주화는 1, 2, 5, 10, 20, 50센트(céntimo), 그리고 1, 2유로 등 8종류가 있다. 시내 중심가에 많은 환전소들이 있지만, 환율이 좋으면 수수료가 높거나, 수수료가 없으면 환율이 좋지 않다. 스페인 은행의 영업시간에 맞춰 알맞게 환전한다. 수수료는 금액의 2% 정도이고 은행에 따라 환율이 다르므로 미리 확인하는 것이 경제적이다.

EURO화

환전 장소
① 시내 중심가에 'CAMBIO' 또는 'CHANGE' 라고 쓰여있는 환전소
② 일반은행 (오전 08:30 ~14:00)
③ HOTEL 리셉션

스페인 화폐 관련 사이트   www.fnmt.es

숙박

1. 호텔 예약
2. 체크인
3. 호텔방에서
4. 룸서비스
5. 아침식사
6. 세탁
7. 미용실·이발소
8. 불편 사항
9. 체크아웃

숙박
Alojamiento

스페인의 숙박시설

> 스페인 전역에 걸쳐 다양한 종류의 많은 숙박시설이 있어 관광객이 편리하게 이용할 수 있다.

❶ 호텔 (hotel)
등급에 따라 5등급으로 나누어져 있고 별의 개수로 표시된다.

❷ 레시덴시아 (residencia)
레스토랑이 없는 호텔로 바(bar)와 커피숍 등이 있으며 아침식사와 룸서비스를 제공받을 수 있다.

❸ 오스딸 (hostal)
호텔과 비슷한 숙박시설로서 별 1개에서 별 3개까지 3등급으로 나누어져 있다.

④ 뻰시온 (pensión)

우리 나라의 여관, 하숙 시설과 비슷하다. 오랜 전통을 가진 이 숙박 시설은 다양한 설비를 갖추고 있어 편안하고 친절한 서비스를 받을 수 있다.

⑤ 야영장 (camping)

전체 약 40만 개의 텐트를 수용할 수 있는 약 800여 개의 야영장이 있다. 스페인 전역에 있는 야영장은 특히 해변을 중심으로 설치되어 있다. 야영장은 특성이나 시설에 따라 등급이 나누어지며 서비스에 따라 요금도 달라진다. 야영장 이외의 장소에서 캠핑을 할 경우는 그 장소가 제한구역이 아닌가를 확인해야 한다.

⑥ 빠라도르 (parador)

빠라도르는 스페인 관광에서만 접할 수 있는 가장 독특하고 매혹적인 숙박시설이다. 전국적으로 86개의 체인으로 되어 있는 빠라도르는 대부분 옛 성이나 궁전, 수도원과 같이 예술적 가치가 있고 역사적으로 기념할 만한 건물을 개조하여 만들었거나 스페인의 가장 아름다운 지역들을 선정하여 만들었으며 이곳에서는 최상급 수준의 호텔시설과 서비스를 제공한다.

❶ 호텔 예약
Reservar una habitación

유용한 표현

■ 오늘밤 쓸 수 있는 빈방이 있습니까?
¿Tiene habitación libre para esta noche?
띠에네 아비따씨온 리브레 빠라 에스따 노체

■ 더 싼 방이 있습니까?
¿Hay alguna habitación más barata?
아이 알구나 아비따씨온 마스 바라따

■ 나는 조용한 방을 원합니다.
Quiero una habitación tranquila.
끼에로 우나 아비따씨온 뜨랑낄라

■ 전망이 좋은 방을 예약하고 싶습니다.
Quiero reservar una habitación con buena vista.
끼에로 레쎄르바르 우나 아비따씨온 꼰 부에나 비스따

■ 지금 바로 방을 사용할 수 있습니까?
¿Puedo ocupar ahora mismo la habitación?
뿌에도 오꾸빠르 아오라 미스모 라 아비따씨온

■ 며칠 밤 묵으실 겁니까?
¿Cuántos noches va a quedarse?
꾸안또스 노체스 바 아 께다르세

미안합니다. 모두 예약되어 있습니다.
Lo siento. Todas habitaciones están reservadas.
로 씨엔또 또다스 아비따씨오네스 에스딴 레쎄르바다스

 어 휘

· 프론트	la recepción	라 레셉씨온
· 프론트 직원	el(la) recepcionista	엘(라) 레셉씨오니스따
· 예약하다	reservar	레쎄르바르
· 예약	la reservación	라 레쎄르바씨온
· 방	la habitación	라 아비따씨온
· 방	el cuarto	엘 꾸아르또
· 묵다, 머무르다	hospedarse	오스뻬다르세
· 아침식사	el desayuno	엘 데사유노
· 점심식사	el almuerzo	에 알무에르쏘
· 저녁식사	la cena	라 쎄나

숙
박

국제 학생증

한국에서 만들어 가도 되고, 스페인에서 직접 만들 수도 있다. 우리 나라에서는 금방 만들어주지만, 모든 일에서 느린 스페인에서는 약 1주일은 잡아야 한다. 미국의 경우와는 다르므로 한국에서 만들 경우 잘 알아보고 만든다. 이 카드가 있으면 유럽의 학생으로서 할인을 받거나 무료로 입장이 가능한 곳이 많으므로 가급적 만드는 것이 좋다.

Diálogo

실용회화

- 예약부 : Oficina de reservación. ¿En qué puedo servirle?
  오피씨나 데 레쎄르바씨온 엔 께 뿌에도 쎄르비를레

  여행자 : Quiero reservar una habitación. ¿Tienen una habitación libre?
  끼에로 레쎄르바르 우나 아비따씨온
  띠에넨 우나 아비따씨온 리브레

- 예약부 : Sí, la tenemos. Usted puede hospedarse ahora mismo.
  씨 라 떼네모스 우스뗏 뿌에데 오스뻬다르세 아오라 미스모

  여행자 : ¿Cuánto cuesta por una noche?
  꾸안또 꾸에스따 뽀르 우나 노체

- 예약부 : Son 70 euros por una noche.
  손 세뗀따 에우로스 뽀르 우나 노체

  여행자 : Bien. Voy a quedarme con esta habitación.
  비엔 보이 아 께다르메 꼰 에스따 아비따씨온

- 예약부 : ¿Su nombre, por favor?
  수 놈브레 뽀르 파보르

  여행자 : Me llamo Insu Kim.
  메 야모 인수 김

- 예약부 : 호텔 예약부입니다. 무엇을 도와드릴까요?
  여행자 : 방을 예약하고 싶습니다. 빈 방 있습니까?
- 예약부 : 네, 있습니다. 당장 쓰실 수 있습니다.
  여행자 : 하루 숙박료가 얼마입니까?
- 예약부 : 하루에 70유로입니다.
  여행자 : 좋습니다. 그 방으로 하겠습니다.
- 예약부 : 성함이 어떻게 되십니까?
  여행자 : 제 이름은 김 인수입니다.

호텔 예약

스페인에는 숙박시설이 많기 때문에 현지에 도착해서 숙박을 정할 수 있으며, 공항이나 기차역, 버스 터미널에서 숙박예약을 해주기도 한다. 스페인 전역에 다양한 종류의 숙박시설이 있다. 목적지에 도착하기 전에 호텔 방을 예약하는 것이 좋고, 만일 예약하지 않았다면 공항 안내소에서 정보를 구해 시내 중심가로 간다.

스페인 호텔의 등급은 별의 개수로 정해져 있으며 오래된 건물을 개조해서 만든 전통적인 분위기의 호텔과 현대식 건물의 호텔이 있다. 별이 하나에서 다섯 개까지 있는데, 별이 세 개인 호텔이 적당하다. 호텔 방을 예약하려면 직접 찾아가거나 전화를 이용한다. 직접 호텔을 찾아가 예약할 경우에는 선금을 요구하는 곳도 있다. 전화로 예약한 경우에는 먼저 호텔에 가서 체크인을 하는 것이 좋다. 연락 없이 늦게 도착하게 되면 예약이 취소되는 경우가 있기 때문에 늦게 도착하게 되면 미리 전화로 알려주어야 한다.

숙박

❷ 체크인
Registración

유용한 표현

- 예약하셨습니까?

    ¿Tiene reservación?
    띠에네 레쎄르바씨온

- 서울에서 예약을 했습니다.

    Hice la reserva desde Seúl.
    이쎌 라 레쎄르바 데스데 세울

- 봉사료가 포함되어 있습니까?

    ¿Está incluido el servicio?
    에스따 인끌루이도 엘 쎄르비씨오

- 세금이 포함되어 있습니까?

    ¿Están incluidos los impuestos?
    에스딴 인끌루이도스 로스 임뿌에스또스

- 몇 시에 방을 비워야 합니까?

    ¿A qué hora tengo que dejar la habitación?
    아 께 오라 뗑고 께 데하를 라 아비따씨온

- 하루 더 묵고 싶습니다.

    Quiero estar aquí un día más.
    끼에로 에스따르 아끼 운 디아 마스

- 더 큰 방으로 바꿀 수 있습니까?
  ¿Puedo cambiar la habitación a la más grande?
  뿌에도 깜비아를 라 아비따씨온 알 라 마스 그란데

- 숙박카드를 작성해 주시겠습니까?
  ¿Podría llenar esta tarjeta de alojamiento?
  뽀드리아 예나르 에스따 따르헤따 데 알로하미엔또

숙박

어휘

· 호텔	hotel	오뗄
· 여관	hostal	오스딸
· 지배인	el gerente	엘 헤렌떼
· 수위	conserje	꼰세르헤
· 싱글룸	el cuarto sencillo	엘 꾸아르또 센씨요
· 더블룸	el cuarto doble	엘 꾸아르또 도블레
· 트윈룸	la habitación con dos camas	라 아비따씨온 꼰 도스 까마스
· 계산서	la cuenta	라 꾸엔따
· 비상구	la salida	라 살리다
· 귀중품보관함	la caja fuerte	라 까하 푸에르떼

- 여행자 : **Buenas tardes.**
  ¿Tiene usted habitación para nosotros?
  부에나스 따르데스 띠에네 우스뗏 아비따씨온 빠라 노소뜨로스
- 직 원 : **¿Su nombre, por favor?**
  수 놈브레 뽀르 파보르

- 여행자 : **Insu Kim.**
  인수 김
- 직 원 : **Sí, hay una habitación reservada para usted.**
  ¿Tiene usted su pasaporte, por favor?
  씨 아이 우나 아비따씨온 레쎄르바다 빠라 우스뗏
  띠에네 우스뗏 수 빠싸뽀르떼 뽀르 파보르

- 여행자 : **Por supuesto. Aquí está.**
  뽀르 수뿌에스또 아끼 에스따
- 직 원 : **Muy bien. Firme aquí, por favor.**
  무이 비엔 피르메 아끼 뽀르 파보르

- 여행자 : **¿Está bien?**
  에스따 비엔
- 직 원 : **Gracias. Aquí tiene las llaves.**
  그라씨아스 아끼 띠에네엘 라스 야베스

- 여행자 : **Muchas gracias.**
  무차스 그라씨아스

- 여행자 : 안녕하세요. 우리들 방이 있습니까?
  직 원 : 성함이 어떻게 되십니까?

- 여행자 : 김 인수입니다.
  직 원 : 네, 당신에게 예약된 방이 있습니다. 여권 좀 보여주시겠습니까?

- 여행자 : 네. 여기 있습니다.
  직 원 : 좋습니다. 여기 서명하세요.

- 여행자 : 됐습니까?
  직 원 : 감사합니다. 열쇠 받으세요.

- 여행자 : 대단히 감사합니다.

숙 박

호텔 체크인

어느 경우에나 일단 여행 목적지에 도착하면 제일 먼저 호텔에 가서 체크인을 한 다음에 관광할 것을 권한다. 체크인 시간이 꼭 정해져 있는 것은 아니지만, 체크인은 12시나 2시 이후에 할 수 있다. 예약 여부를 확인한 후에 체크하며 이때 숙박비에 식사가 포함되어 있는지를 확인한다. 그런 다음 식사시간과 식당, 미니바와 같은 부대시설 등 호텔 이용에 대한 안내를 받는다.

③ 호텔방에서
En la habitación

유용한 표현

- 하루종일 온수를 사용할 수 있나요?

  ¿Puedo usar agua caliente todo el día?
  뿌에도 우사르 아구아 깔리엔떼 또도 엘 디아

- 온수가 나오지 않아요.

  No sale agua caliente.
  노 살레 아구아 깔리엔떼

- 베개가 하나 더 필요합니다.

  Necesito otra almohada.
  네쎄씨도 오뜨라 알모아다

- 제 방이 너무 추워요.

  Hace mucho frío en mi habitación.
  아쎄 무초 프리오 엔 미 아비따씨온

- 텔레비전이 나오지 않아요.

  La televisión no funciona bien.
  라 뗄레비씨온 노 푼씨오나 비엔

- 창문이 열리지 않아요.

  No se abre la ventana.
  노 쎄 아브렐 라 벤따나

- 방을 바꾸고 싶습니다.

  Quiero cambiar de habitación.
  께에로 깜비아르 데 아비따씨온

- 한국으로 전화를 하고 싶습니다.

  Quiero hacer una llamada a Corea.
  끼에로 아쎄르 우나 야마다 아 꼬레아

- 수신자부담 통화를 부탁합니다.

  Llamada a cobro revertido, por favor.
  야마다 아 꼬브로 레베르띠도 뽀르 파보르

 어 휘

냉장고	la nevera	라 네베라
에어컨	el aire acondicionado	엘 아이레 아꼰디씨오나도
난방	la calefacción	라 깔레팍씨온
전등	la lámpara	라 람빠라
샤워	la ducha	라 두차
찬물	agua fría	아구아 프리아
온수	agua caliente	아구아 깔리엔떼
타월	la toalla	라 또알야
컵	el vaso	엘 바소
비누	el jabón	엘 하본
샴푸	el champú	엘 참뿌
화장실 휴지	papel higiénico	빠뻴 이히에니꼬
칫솔	el cepillo de dientes	엘 쎄삘요 데 디엔떼스
치약	la pasta de dientes	라 빠스따 데 디엔떼스

숙박

- A : No me gusta la habitación. Es pequeña y el aire acondicionado no funciona.
  노 메 구스딸 라 아비따씨온 에스 뻬께냐
  이 엘 아이레 아꼰디씨오나도 노 푼씨오나

  B : Vamos a ver. Tienes una habitación muy bonita. Hay una cama cómoda y un armario.
  바모스 아 베르 띠에네 우나 아비따씨온 무이 보니따
  아이 우나 까마 꼬모다 이 운 아르마리오

- A : Quiero otra habitación. No me gusta esta habitación y hay mucho ruido.
  끼에로 오뜨라 아비따씨온 노 메 구스따 에스따
  아비따씨온 이 아이 무초 루이도

  B : No es posible. El hotel está lleno.
  노 에스 뽀시블레 엘 오뗄 에스따 예노

- A : 난 이 방이 마음에 들지 않아. 방도 작고 에어컨도 작동하지 않아.
  B : 어디 보자. 아주 좋은 방인데. 편안한 침대, 옷장, 작은 탁자도 있고…

- A : 다른 방을 원해. 난 이 방이 싫어. 그리고 너무 시끄러워.
  B : 그건 불가능해. 이 호텔은 만원이야.

깜짝센스

객실 이용

방에 들어가면 온수가 잘 나오는지 열쇠가 잘 작동하는지 살펴본다. 만약 어떤 시설에 문제가 있거나 방이 마음에 들지 않는다면 방을 바꿔달라고 요청해야 한다. 이런 문제를 방지하기 위해서는 체크인할 때 방을 먼저 보여달라고 할 수도 있다. 유럽의 고풍스러운 호텔의 경우에 일부 시설이 잘 작동하지 않을 때가 있다. 유럽의 욕실은 바닥에 배수구가 없기 때문에 샤워나 목욕할 때는 욕조 밖으로 물이 흐르지 않도록 주의한다. 물이 튀지 않도록 유리문을 닫거나 샤워커튼의 끝자락을 욕조 안으로 들여놓는다.

❹ 룸서비스
Servicio de habitaciones

유용한 표현

- 룸서비스입니까?
  ¿Es el servicio de habitaciones?
  에스 엘 쎄르비씨오 데 아비따씨오네스

- 얼음 넣은 위스키를 보내주시겠습니까?
  ¿Puede mandarme un whisky con hielo?
  뿌에데 만다르메 운 위스끼 꼰 이엘로

- 타월 한 장 더 갖다 주세요.
  Necesito una toalla más.
  네쎄씨또 우나 또알야 마스

- 아침 7시에 깨워주실 수 있습니까?
  ¿Puede despertarme a las siete de la mañana?
  뿌에데 데스뻬르따르메 알 라스 씨에떼 델 라 마냐나

- 얼음과 물을 가져다 주세요.
  Por favor, tráigame hielo y agua.
  뽀르 파보르 뜨라이가메 이엘로 이 아구아

- 맥주 두 병 부탁합니다.
  Dos botellas de cerveza, por favor.
  도스 보뗄야스 데 쎄르베싸 뽀르 파보르

 **어휘**

한국어	스페인어	발음
룸서비스	servicio de habitaciones	쎄르비씨오 데 아비따씨오네스
메뉴	el menú	엘 메누
블랙커피	café solo	까페 쏠로
밀크커피	café con leche	까페 꼰 레체
레몬홍차	té con limón	떼 꼰 리몬
오렌지 주스	zumo de naranja	쑤모 데 나랑하
계란후라이	huevo frito	우에보 프리또
토스트	tostada	또스따다
위스키	whisky	위스끼
맥주	cerveza	쎄르베싸

숙박

깜짝센스

스페인은 미국이나 다른 유럽 국가들처럼 팁을 10% 정도가 아니라 손님의 기분에 따라 식사비의 5% 정도를 준다. 계산은 계산서를 달라고 한 후 현금이나 신용카드로 지불하고 잔돈을 가져올 때까지 기다린다.

Diálogo

실용회화

- 여 행 자 : **Aquí la habitación 403. Servicio de habitación, por favor.**
  아낄 라 아비따씨온 꾸아뜨로씨엔또스 뜨레스 쎄르비씨오 데 아비따씨온 뽀르 파보르

  룸서비스 : **¿Qué quiere?**
  께 끼에레

- 여 행 자 : **Quiero un bocadillo de jamón y un café con leche.**
  끼에로 운 보까디요 데 하몬 이 운 까페 꼰 레체

  룸서비스 : **Sí, señor. De acuerdo.**
  씨 세뇨르 데 아꾸에르도

- 여 행 자 : **¿Cuánto tiempo se tarda?**
  꾸안또 띠엠뽀 쎄 따르다

  룸서비스 : **Tarda veinte minutos más o menos.**
  따르다 베인떼 미누또스 마스 오 메노스

- 여 행 자 : 403호실입니다. 룸서비스를 부탁합니다.
  룸서비스 : 무엇을 원하십니까?

- 여 행 자 : 햄샌드위치와 밀크커피를 원합니다.
  룸서비스 : 네, 손님. 알겠습니다.

- 여 행 자 : 시간이 얼마나 걸릴까요?
  룸서비스 : 약 20분 걸립니다.

룸서비스

룸서비스는 호텔 측에서 식사를 방으로 배달해 주거나, 호텔 방 청소나 정리, 모닝콜, 세탁 등을 해주는 서비스를 말한다. 일반적으로 객실에 있는 전화기 옆에 각 전화번호가 있으므로 그것을 이용하면 된다. 다른 경우에도 그렇지만 대부분의 룸서비스를 이용하면 팁을 주어야 한다.

미니바 (Mini Bar)

호텔 방에 있는 소형 냉장고를 말하는데 이 안에는 음료수와 술, 스낵 등이 들어 있다. 이용한 양만큼 체크아웃할 때 숙박비와 함께 계산한다. 이용요금은 보통 시중 판매가보다 비싸다.

❺ 아침식사
Desayuno

유용한 표현

- 몇 시에 아침식사를 할 수 있습니까?
  ¿A qué hora puedo tomar el desayuno?
  아 께 오라 뿌에도 또마르 엘 데사유노

- 식당은 어디에 있습니까?
  ¿Dónde está el comedor?
  돈데 에스따 엘 꼬메도르

- 여기가 아침식사 식당입니까?
  ¿Aquí es el comedor para desayuno?
  아끼 에스 엘 꼬메도르 빠라 데사유노

- 소금 좀 갖다 주시겠습니까?
  ¿Puede traerme la sal?
  뿌에데 뜨라에르멜 라 쌀

- 컨티넨탈식 아침식사를 하겠습니다.
  Quiero un desayuno continental.
  끼에로 운 데사유노 꼰띠넨딸

- 내일 아침식사를 주문하고 싶습니다.
  Deseo pedir el desayuno para mañana.
  데세오 뻬디르 엘 데사유노 빠라 마냐나

어휘

· 미국식 아침식사	desayuno americano	데사유노 아메리까노
· 반숙	el huevo pasado por agua	엘 우에보 빠사도 뽀르 아구아
· 오믈렛	la tortilla española	라 또르띨야 에스빠뇰라
· 토스트	la tostada	라 또스따다
· 버터	la mantequilla	라 만떼낄야
· 잼	la mermelada	라 메르멜라다
· 요구르트	yogur	요구르
· 우유	la leche	라 레체
· 주스	el zumo	엘 쑤모

숙박

Diálogo

 실용회화

- 여행자 : **Aquí la habitación cuatrocientos tres. Mañana quiero desayunar en la habitación.**
  아끼 라 아비따씨온 꾸아뜨로씨엔또스 뜨레스
  마냐나 끼에로 데사유니르 엔 라 아비따씨온

  직 원 : **¿Qué quiere tomar?**
  께 끼에레 또마르

- 여행자 : **Un pan, zumo de tomate, huevos fritos con tocino y un café, por favor.**
  운 빤 쑤모 데 또마떼 우에보스 프리또스
  꼰 또씨노 이 운 까페 뽀르 파보르

  직 원 : **¿Algo más?**
  알고 마스

- 여행자 : **Nada más.**
  나다 마스

- 여행자 : 여기 403호실입니다. 내일 방에서 아침식사를 하려고 합니다.
- 직 원 : 무엇을 드시겠습니까?
- 여행자 : 빵, 토마토주스, 베이컨을 곁들인 계란 후라이, 감자튀김, 커피를 부탁합니다.
- 직 원 : 더 필요한 것은 없습니까?
- 여행자 : 없습니다.

아침식사

유럽 대부분의 호텔은 숙박료에 아침식사가 포함되어 있다. 식사를 놓치지 않으려면 체크인할 때 식당 위치와 식사시간을 꼭 확인해야 한다. 아침식사는 아메리칸 스타일, 컨티넨탈 스타일, 그리고 뷔페 스타일이 있다. 물론 가장 간단하게 구성되어 있는 컨티넨탈식이 가장 저렴하다.

- **컨티넨탈 스타일**
  빵, 잼, 버터, 커피, 홍차, 오렌지 주스 등이 기본인 빵과 커피(홍차) 정도의 가벼운 아침 식사이다.

- **아메리칸 스타일**
  컨티넨탈 스타일에 과일, 햄, 소시지, 계란요리, 우유, 콘후레이크 등이 추가된 푸짐한 아침식사이다.

- **뷔페 스타일**
  cold buffet와 hot buffet가 있는데, cold buffet는 컨티넨탈 스타일 뷔페이고 hot buffet는 아메리칸 스타일 뷔페이다. 매우 푸짐한 아침식사이다.

숙박

❻ 세 탁
Lavado

 유용한 표현

- 세탁서비스가 있습니까?
  ¿Tienen servicio de lavado?
  띠에넨 쎄르비씨오 델 라바도

- 몇 시에 세탁실로 옷을 보낼 수 있습니까?
  ¿A qué hora puede mandar la ropa a la lavandería?
  아 께 오라 뿌에데 만다르 라 로빠 알 라 라반데리아

- 드라이클리닝을 부탁합니다.
  Lavado seco, por favor.
  라바도 세꼬 뽀르 파보르

- 이 옷을 다림질해 주세요.
  Plánchame esta ropa, por favor.
  쁠란차메 에스따 로빠 뽀르 파보르

- 이 치마를 드라이클리닝해 주실 수 있습니까?
  ¿Me pueden lavar en seco esta falda?
  메 뿌에덴 라바르 엔 세꼬 에스따 팔다

- 언제 될까요?
  ¿Cuándo estará listo?
  꾸안도 에스따라 리스또

- 내일까지 다 되겠습니까?
 ¿Estará listo para mañana?
 에스따라 리스또 빠라 마냐나

- 저는 오늘 저녁 그것이 필요합니다.
 La necesito para esta noche.
 라 네쎄씨또 빠라 에스따 노체

어휘

한국어	스페인어	발음
세탁소	lavandería	라반데리아
양복	el traje	엘 뜨라헤
쟈켓	la chaqueta	라 차께따
스웨터	el jersey	엘 헤르쎄이
셔츠	la camisa	라 까미사
블라우스	la blusa	라 블루사
바지	los pantalones	로스 빤딸로네스
치마	la falda	라 팔다
외투	el abrigo	엘 아브리고
속옷	la ropa interior	라 로빠 인떼리오르
양말	los calcetines	로스 깔세띠네스
다림질	el planchado	엘 쁠란차도
수선	la reparación	라 레빠라씨온
모자	el sombrero	엘 쏨브레로
넥타이	la corbata	라 꼬르바따

숙박

Diálogo

실용회화

- 여행자 : **Servicio de lavandería, por favor.**
  쎄르비씨오 데 라반데리아 뽀르 파보르
- 직 원 : **Ponga la ropa en el saco y escriba el contenido en la tarjeta.**
  뽕갈 라 로빠 엔 엘 싸꼬 이 에스끄리바 엘 꼰떼니도 엔 라 따르헤따

- 여행자 : **¿Cuándo estaría lista?**
  꾸안도 에스따리아 리스따
- 직 원 : **Estaría lista para pasado mañana.**
  에스따리아 리스따 빠라 빠사도 마냐나

- 여행자 : **La necesito para mañana.**
  라 네쎄씨또 빠라 마냐나
- 직 원 : **Escriba así en la tarjeta, por favor.**
  에스끄리바 아씨 엔 라 따르헤따 뽀르 파보르

- 여행자 : 세탁 좀 부탁합니다.
  직 원 : 옷을 세탁자루에 넣고 카드에 내용물을 적으세요.

- 여행자 : 언제 될까요?
  직 원 : 내일 모레 될 것입니다.

- 여행자 : 저는 내일 필요한데요.
  직 원 : 그러시다면 카드에 적으세요.

숙박

❼ 미용실 · 이발소
Salón de belleza

 유용한 표현

- 머리를 감고 나서 잘 빗어주세요.

    Lavado y marcado, por favor.
    라바도 이 마르까도 뽀르 파보르

- 커트하고 파마해 주세요.

    Quiero corte y permanente, por favor.
    끼에로 꼬르떼 이 뻬르마넨떼 뽀르 파보르

- 매니큐어를 칠해주실 수 있습니까?

    ¿Puedo hacerme la manicura?
    뿌에도 아쎄르멜 라 마니꾸라

- 이 사진의 머리처럼 해주세요.

    Hágame el pelo como el de esta foto.
    아가메 엘 뻴로 꼬모 엘 데 에스따 포또

- 파마를 약하게(강하게) 해주세요.

    Quisiera hacerme la permanente suave(fuerte).
    끼시에라 아쎄르멜 라 뻬르마넨떼 수아베(푸에르떼)

- 최신 유행이 어떤 것입니까?

    ¿Cuál es la última moda?
    꾸알 에슬 라 울띠마 모다

- 머리 자르고 샴푸하는 데 얼마입니까?

    ¿Cuánto cuesta el corte de pelo con lavado?

    꾸안또 꾸에스따 엘 꼬르떼 데 뻴로 꼰 라바도

- 오늘 오후 5시 예약을 원합니다.

    Quiero hacer una reserva para las 5 de esta tarde.

    끼에로 아쎄르 우나 레쎄르바 빠랄 라스 씽꼬 데 에스따 따르데

- 머리를 깎아주세요.

    Córtame el pelo, por favor.

    꼬르따메 엘 뻴로 뽀르 파보르

숙 박

유용한 표현

- 머리를 2센티미터 잘라주세요.

  Córtemelo dos centímetros.
  꼬르떼멜로 도스 센띠메뜨로스

- 조금만 잘라주세요.

  Córteme un poco, por favor.
  꼬르떼메 운 뽀꼬 뽀르 파보르

- 다듬기만 해주세요.

  Sólo necesito una despuntada.
  쏠로 네세씨또 우나 데스뿐따다

- 뒤를 좀 더 잘라주세요.

  Corte más por detrás.
  꼬르떼 마스 뽀르 데뜨라스

- 위쪽을 좀 더 잘라주세요.

  Córteme un poco más arriba.
  꼬르떼메 운 뽀꼬 마스 아리바

- 이발과 면도를 부탁합니다.

  Corte de pelo y afeitado, por favor.
  꼬르떼 데 뻴로 이 아페이따도 뽀르 파보르

- 가르마는 가운데로 해주세요.

  Hágame la raya en el medio.
  아가메 라 라야 엔 엘 메디오

어휘

파마	permanente	뻬르마넨떼
커트하다	cortar	꼬르따르
면도	afeitado	아페이따도
이발사	peluquero	뻴루께로
미용사	peluquera	뻴루께라
염색하다	teñir	떼니르
머리손질	peinado	뻬이나도
매니큐어	manicura	마니꾸라
드라이	secado	쎄까도
헤어스프레이	laca	라까
헤어로션	loción de pelo	로씨온 데 뻴로
샴푸	el lavado de pelo	엘 라바도 데 뻴로
이발	el corte de pelo	엘 꼬르떼 데 뻴로

깜짝센스

모든 방문시에는 예약과 약속을 해야 한다. 이발소나 식당 등에서는 예약을 안 했다가 거절당하는 경우도 있다. 스페인 사람들의 시간 개념은 우리와 비슷하지만 비즈니스나 경제 등에 관련된 경우에는 자신에게 유리하고, 필요한 시간은 반드시 지킨다.

Diálogo

실용회화

- 손 님 : Quisiera un corte de pelo y un lavado de cabeza.
  끼시에라 운 꼬르떼 데 뻴로 이 운 라바도 데 까베싸

  이발사 : ¿Lo quiere muy corto?
  로 끼에레 무이 꼬르또

- 손 님 : Un poco más largo que el suyo.
  운 뽀꼬 마스 라르고 께 엘 수요

  이발사 : ¿Champú especial o corriente?
  참뿌 에스뻬시알 오 꼬리엔떼

- 손 님 : Corriente, por favor, y quiero un afeitado.
  꼬리엔떼 뽀르 파보르 이 끼에로 운 아페이따도

  이발사 : Sí, señor.
  씨 세뇨르

- 손 님 : 머리를 자르고 머리를 감고 싶습니다.

  이발사 : 아주 짧게 잘라드릴까요?

- 손 님 : 당신 머리보다 조금 더 길게 해주세요.

  이발사 : 특수 샴푸로 할까요? 일반 샴푸로 할까요?

- 손 님 : 일반으로 해주세요. 그리고 면도도 해주세요.

  이발사 : 네, 알겠습니다.

호텔 서비스

▶ 귀중품 관리
cashier에게 금고(Safety Box)를 빌려서 보관한다.

▶ 룸 서비스 (Room Service)
방에서 식사를 하거나 음료를 주문할 수 있다. 객실 책상에 비치되어 있는 메뉴를 보고 전화로 주문한다. 가지고 온 보이에게는 팁을 준다.

▶ 모닝 콜 (Morning Call)
교환에게 시간과 방 번호를 알려준다.

▶ 세탁 서비스 (Laundry Service)
방에 비치되어 있는 「LAUNDRY」라고 씌어진 자루에 세탁물을 넣고 신청용지에 필요사항을 기입해 두면 룸메이드가 가지고 간다. 전화로 룸메이드에게 세탁물을 맡길 수도 있다.

▶ 안내 (Information)
메시지나 편지를 맡아 주고 식당을 예약할 수도 있다. 리조트 호텔에는 스포츠 전문 데스크(Activity Desk)가 있다. 그외 소포 포장 상자의 준비 또는 발송, 우편물의 발송, 전보 등의 접수를 받는다. 필요에 따라 팁을 준다.

▶ 방을 청소하고 싶을 때
「Make up my room, please」라는 문구를 적어 문 밖에 걸어 둔다.

▶ 베이비 시터 (Baby Seater)
아이들을 맡길 수 있다.

▶ 입장권의 예약 · 구입
(스포츠, 연극 등) 인포메이션(미), 컨시어지(유럽)에게 부탁한다.

숙박

⑧ 불편 사항
Incomodidades

유용한 표현

- 도와주세요!
  ¡Socorro!
  소꼬로

- 서두르세요!
  ¡Tenga prisa!
  뗑가 쁘리사

- 방을 바꾸고 싶습니다.
  Deseo cambiar de habitación.
  데세오 깜비아르 데 아비따씨온

- 이 방은 너무 시끄럽습니다.
  Esta habitación es muy ruidosa.
  에스따 아비따씨온 에스 무이 루이도사

- 제 방에 문제가 생겼습니다.
  Tengo problemas en mi habitación.
  뗑고 쁘로블레마스 엔 미 아비따씨온

- 온수가 나오지 않습니다.
  No sale el agua caliente.
  노 살레 엘 아구아 깔리엔떼

■ 물이 충분히 따뜻하지 않습니다.
El agua no está bastante caliente.
엘 아구아 노 에스따 바스딴떼 깔리엔떼

■ 화장실 물이 내려가지 않습니다.
No vierte el agua del excusado.
노 비에르떼 엘 아구아 델 에스꾸사도

■ 수도꼭지가 작동하지 않습니다.
El grifo no funciona.
엘 그리포 노 푼씨오나

■ 열쇠를 잃어버렸습니다.
He perdido la llave.
에 뻬르디돌 라 야베

■ 열쇠를 방안에 두고 나왔습니다.
Olvidé la llave dentro de mi habitación.
올비델 라 야베 덴뜨로 데 미 아비따씨온

■ 세면대의 물이 내려가지 않습니다.
El lavabo está atascado.
엘 라바보 에스따 아따스까도

■ 몸이 아파요.
Me siento mal.
메 시엔또 말

숙박

- 방의 불이 켜지지 않습니다.
  No se enciende la luz de la habitación.
  노 쎄 엔씨엔델 라 루스 델 라 아비따씨온

- 문이 잘 닫히지 않습니다.
  La puerta cierra mal.
  라 뿌에르따 씨에라 말

어휘

비상구	la salida de emergencia	라 살리다 데 에메르헨씨아
엘리베이터	el ascensor	엘 아스쎈소르
계단	la escalera	라 에스깔레라
의료실	la enfermería	라 엔페르메리아
스위치	el interruptor	엘 인떼르룹또르
열쇠	la llave	라 야베
세면대	el lavabo	엘 라바보
수도꼭지	el grifo	엘 그리포
온수	el agua caliente	엘 아구아 깔리엔떼
냉수	el agua fría	엘 아구아 프리아

깜짝센스

호텔에서 어떤 문제가 생겼을 때는 당황하지 말고 즉시 프론트에 연락한다. 전화로는 의사가 잘 전달되지 않고 또 방을 떠날 수 없는 피치 못할 상황일 경우에는 누군가를 보내 달라고 요청한다. 문제가 일어나면 보통은 당황하게 되지만 잊지 말고 프론트에 전화해서 최소한의 메시지라도 확실하게 전하는 것이 좋다.

숙박

Diálogo — 실용회화

- 여행자 : **La calefacción no está bien y hace mucho frío.**
  라 깔레팍씨온 노 에스따 비엔 이 아쎄 무초 프리오

  직 원 : **¿Puso el interruptor?**
  뿌소 엘 인떼르룹또르

- 여행자 : **Sí.**
  씨

  직 원 : **¿Cómo está el ajuste de la temperatura?**
  꼬모 에스따 엘 아후스떼 델 라 뗌뻬라뚜라

- 여행자 : **No sé. De todas maneras, haga venir a alguien.**
  노 쎄 데 또다스 마네라스 아가 베니르 아 알기엔

  직 원 : **Sí, señor.**
  씨 세뇨르

- 여행자 : 난방이 되지 않아서 매우 춥습니다.
  직   원 : 스위치는 켰습니까?

- 여행자 : 네.
  직   원 : 온도조절기는 어떻게 되어 있습니까?

- 여행자 : 모르겠어요. 어쨌든 누구 좀 보내주세요.
  직   원 : 네, 알겠습니다.

숙박

호텔 이용

호텔 객실의 전화를 이용하면 호텔 교환원의 서비스를 받아야 하기 때문에 일반 전화요금보다 상당히 비싸다는 점을 명심해야 한다. 따라서 호텔 로비에 있는 공중전화를 이용하는 것이 가장 좋다. 텔레비전의 일반 채널은 무료로 시청할 수 있지만, 유료방송인 경우에는 시청한 시간을 계산하여 체크아웃할 때 요금을 지불해야 한다. 보통 텔레비전 옆에 안내책자가 있으므로 시청하기 전에 미리 확인한다.

❾ 체크아웃
Dejar la habitación

유용한 표현

- 몇 시에 방을 비워야 합니까?
  ¿A qué hora tenemos que dejar el cuarto?
  아 께 오라 떼네모스 께 데하르 엘 꾸아르또

- 12시까지 방을 비워주시면 됩니다.
  Puede dejarla hasta las doce.
  뿌에데 데하를라 아스딸 라스 도쎄

- 체크아웃하려고 합니다.
  Quiero dejar la habitación.
  끼에로 데하르 라 아비따씨온

- 짐을 가지고 내려갈 사람을 보내주세요.
  Mande un botones para bajar mi equipaje.
  만데 운 보또네스 빠라 바하르 미 에끼빠헤

- 몇 호실입니까?
  ¿Cuál es el número de la habitación?
  꾸알 에스 엘 누메로 델 라 아비따시온

- 저는 내일 아침 8시에 나가려고 합니다.
  Voy a salir a las ocho de la mañana.
  보이 아 살리르 알 라스 오초 델 라 마냐나

- 그래서 지금 계산하려고 합니다.
  Por eso quiero pagar la cuenta ahora.
  뽀르 에소 끼에로 빠가를 라 꾸엔따 아오라

- 계산서 여기 있습니다.
  Aquí tiene usted la cuenta.
  아끼 띠에네 우스뗏 라 꾸엔따

- 신용카드를 받습니까?
  ¿Aceptan tarjetas de crédito?
  아셉딴 따르헤따스 데 끄레디또

- 여행자수표로 지불하겠습니다.
  Voy a pagar con cheques de viaje.
  보이 아 빠가르 꼰 체께스 데 비아헤

- 택시 좀 불러주세요.
  Por favor, llame un taxi.
  뽀르 파보르 야메 운 딱시

숙박

어휘

계산대	la caja	라 까하
추가비용	el suplemento	엘 수쁠레멘또
비용	el costo	엘 꼬스또
신용카드	la tarjeta de crédito	라 따르헤따 데 끄레디또
여행자수표	cheque de viaje	체께 데 비아헤
세금	el impuesto	엘 임뿌에스또
지불하다	pagar	빠가르
계산서	la cuenta	라 꾸엔따

Diálogo

실용회화

- 여행자 : Quiero dejar la habitación. Me llamo Minsu Lee, la habitación quinientos cinco.
  끼에로 데하를 라 아비따씨온 메 야모
  민수 리 라 아비따씨온 끼니엔또스 씽꼬
- 직 원 : Aquí está la suma. Son ciento ochenta euros.
  아끼 에스따 라 쑤마 손 씨엔또 오첸따 에우로스

- 여행자 : ¿Es correcta la suma?
  에스 꼬렉따 라 쑤마
- 직 원 : Sí, es correcta.
  씨 에스 꼬렉따

- 여행자 : ¿Puedo pagar con la tarjeta de crédito?
  뿌에도 빠가르 꼰 라 따르헤따 데 끄레디또
- 직 원 : Sí, desde luego.
  씨 데스델 루에고

- 여행자 : 체크아웃하려고 합니다. 제 이름은 이 민수이고 방은 505호실입니다.
  직 원 : 여기 계산서 있습니다. 180유로입니다.

- 여행자 : 이 계산은 맞습니까?
  직 원 : 네, 정확합니다.

- 여행자 : 신용카드로 지불할 수 있습니까?
  직 원 : 네, 물론입니다.

체크아웃

체크아웃은 호텔을 떠나는 마지막 절차로 방 열쇠를 반납하고 객실요금과 미니바, 전화 등의 호텔 부대시설을 이용한 요금을 지불하는 것이다. 대부분의 호텔에서 현금 외에 신용카드나 여행자 수표로 지불할 수 있다.

체크아웃은 12시까지로 되어 있는 경우가 많다. 출발객들로 프론트가 붐비는 오전중에는 다소 기다릴 수도 있다.

아침 일찍 출발하는 경우에는 전날 밤에 정산을 마쳐 둔다. 영수증의 명세는 확실히 검토해서 틀림 없는지 확인한 다음 지불한다.

체크아웃 후 출발까지 시간이 있을 경우에는 프론트에 짐을 맡겨 둔다.

명소 · 볼거리

◯ 뿌에르따 델 솔 Puerta del Sol

"뿌에르따 델 솔"이란 스페인어로 '태양의 문'이란 뜻이다. 항상 사람이 붐벼 마드리드의 심장부와도 같은 분위기를 느끼게 하는 뿌에르따 델 솔에 16세기에 화려했던 스페인의 영광을 상징하는 성문이 있었다고 한다. 그러나 지금은 성문은 없고 시계탑이 설치된 경찰청이 있을 뿐이다. 그리고, 뿌에르따 델 솔은 모든 시작의 중심으로 이베리아 반도의 0km인 시발점이 되는 곳이다.

또한 뿌에르따 델 솔은 10개의 도로가 방사상으로 뻗어 나가는 원점이다. 마드리드의 문장인 곰 동상과 시계탑이 있는 이 광장은 마드리드 사람들의 약속 장소로 가장 많이 이용되며 또한 외지의 관광객들에게는 마드리드 여행이 시작되는 곳이다.

그리고, 대부분의 버스가 이곳에서 여러 지역으로 출발한다. 연말에는 모든 시민들의 함성과 함께 재야의 종을 울리는 곳이고, 그 외의 축제를 할 때도 이곳이 중심이 되며, 행렬이 이루어 질 때도 꼭 지나쳐 가는 관문과 같다.

식사

1. 안내
2. 예약
3. 레스토랑에서
4. 주문
5. 디저트
6. 계산
7. 간식

식 사
Comida

스페인 요리

스페인의 요리는 우유, 주스, 커피와 토스트 등으로 하는 가벼운 아침식사를 제외하고 점심식사와 저녁식사는 양도 푸짐하고 식사시간도 길며, 항상 포도주를 곁들인다. 마드리드의 전통음식은 꼬치닐요 아사도(새끼돼지요리), 갈리시아의 요리는 해산물, 발렌시아의 요리는 빠엘야, 그리고 하몬 등이 있다.

스페인의 전통요리

○ 빠엘야 (paella)

스페인 요리의 특징은 마늘과 올리브유를 많이 사용한다는 점이다. 스페인의 대표적인 요리로 우리 입맛에도 잘 맞는 음식이 바로 빠엘야 **(paella)**이다. 팬에 올리브유를 바르고 양파, 마늘 등의 야채와 돼지고기, 닭고기, 혹은 해산물 등을 넣고 볶다가 쌀과 사프란이라는 노란색 향료를 넣어 만든다. 우리나라의 볶음밥과 비슷하며, 매우 대중적인 음식으로 쉽게 접할 수 있고 지역마다 종류도 다양하다. 가장 보편적이며 대표적인 것은 다양한 해산물이 들어간 발렌시아 빠엘야이다.

⊙ 하몬 (jamón)

수년 전에 한국에 수입된 스페인 영화 「하몽하몽」 때문에 잘 알려진 스페인의 대중적인 음식이다. 절여 만든 돼지의 넓적다리 부분의 고기로 일반 햄처럼 샌드위치에 넣어먹기도 하고 그냥 먹기도 하며 종류에 따라 맛과 가격이 다양하다. 여러 음식점에서 볼 수 있는 하몬은 마치 곰팡이가 피어있는 듯한 돼지 다리를 매달아 놓아 처음에는 불결해 보이고 거부감을 느끼지만, 스페인에 가면 한 번 정도는 맛볼 만한 음식이다.

식사

⊙ 꼬치닐요 아사도 (cochinillo asado)

새끼돼지를 통째로 구이한 음식이며 새끼돼지의 얼굴도 그대로 생생하게 볼 수 있다. 태어난 지 얼마 되지 않은 새끼돼지라서 고기가 연하고 맛이 좋다. 새끼돼지에 와인과 소스를 발라 가마 속에서 노릇노릇하게 구운 요리이며 보통 와인과 함께 먹는다. 마드리드와 세고비아(Segovia) 같은 지방에서 즐겨 먹는다.

❶ 안내
Información

유용한 표현

- 이 근처에 좋은 식당이 있습니까?

  ¿Hay un buen restaurante cerca de aquí?
  아이 운 부엔 레스따우란떼 쎄르까 데 아끼

- 너무 비싸지 않은 식당을 원합니다.

  Prefiero un restaurante que no sea muy caro.
  쁘레피에로 운 레스따우란떼 께 노 쎄아 무이 까로

- 이 도시에 중국 음식점이 있습니까?

  ¿Hay un restaurante chino en esta ciudad?
  아이 운 레스따우란떼 치노 엔 에스따 씨우닷

- 조용한 분위기의 식당을 원합니다.

  Quiero un restaurante con un ambiente tranquilo.
  끼에로 운 레스따우란떼 꼰 운 암비엔떼 뜨랑낄로

- 한국음식점이 어디 있습니까?

  ¿Dónde está el restaurante coreano?
  돈데 에스따 엘 레스따우란떼 꼬레아노

- 예약을 해야 합니까?

  ¿Tengo que hacer una reserva?
  뗑고 께 아쎄르 우나 레쎄르바

■ 그 음식점은 몇 시에 문을 닫습니까?

¿A qué hora cierra ese restaurante?

아 께 오라 씨에라 에쎄 레스따우란떼

 어휘

· 레스토랑	restaurante	레스따우란떼
· 바	bar	바르
· 맥주집	cervecería	쎄르베쎄리아
· 중국음식	comida china	꼬미다 치나
· 이탈리아음식	comida italiana	꼬미다 이딸리아나
· 한국음식	comida coreana	꼬미다 꼬레아나

식사

Diálogo — 실용회화

- A : ¿Hay un restaurante coreano en esta ciudad?
  아이 운 레스따우란떼 꼬레아노 엔 에스따 씨우닷
- B : Sí, lo hay.
  씨 로 아이

- A : ¿Dónde está ese restaurante?
  돈데 에스따 에쎄 레스따우란떼
- B : No está cerca de aquí. Está lejos.
  노 에스따 쎄르까 데 아끼 에스딸 레호스

- A : ¿Cuánto tiempo se tarda desde el hotel hasta ese restaurante?
  꾸안또 띠엠뽀 세 따르다 데스데 엘 오뗄 아스따 에쎄 레스따우란떼
- B : Media hora, más o menos.
  메디아 오라 마스 오 메노스

- A : 이 도시에 한국식당이 있습니까?
  B : 네, 있습니다.

- A : 그 식당은 어디 있습니까?
  B : 이곳에서 가까이 있지 않고 먼 곳에 있습니다.

- A : 호텔에서 그 음식점까지 얼마나 걸립니까?
  B : 대략 30분 정도 걸립니다.

패스트푸드

대부분의 도시에 우리나라에서 흔히 볼 수 있는 패스트푸드 체인점이 많이 있다. 우리나라의 패스트푸드점과 같아서 음식도 우리 입맛에 맞고 이용하는 데 낯설지 않아서 편리하다. 우리에게 친숙한 맥도날드, 버거킹, 켄터키 프라이드치킨, 피자헛, 웬디스 등이 있어서 편리하고 간단하게 식사를 할 수 있다. 일반식당에서는 대부분 5~10% 정도의 팁을 지불해야 하지만 패스트푸드점은 팁이 없다. 햄버거와 감자튀김, 콜라로 구성된 세트메뉴가 약 5,000~7,000원이다.

중국 음식점

중국 음식점은 유럽 대부분의 국가와 대부분의 도시에 많이 있기 때문에 어느 곳에서나 쉽게 찾을 수 있으며 음식 또한 우리 입맛에 잘 맞는 편이다. 따라서 현지 교포나 여행자들이 한국음식점보다 중국음식점을 더 많이 이용하는 편이다. 중국음식점에는 볶음밥, 탕수육 등 익숙한 음식이 많이 있으며, 가격도 현지 레스토랑이나 한국음식점보다 저렴한 편이다.

한국 음식점

유럽의 여러 나라와 스페인의 마드리드, 바르셀로나에도 한국음식점이 있다. 하지만 한국 음식점이고 한국음식이라고 해서 가격도 한국과 비슷하다고 생각하면 큰 오산이다. 배낭여행하는 젊은이들에게는 부담이 될 정도로 한국에 비하여 비싼 편이다. 대부분의 경우 기본으로 나오는 반찬 외에는 추가로 지불해야 한다.

● 마드리드의 한국 음식점

✚ 가야	Calle Ferraz 38	(Tel: 91-547-6019)
✚ 고려정	Calle Cristóbal Bordiu 59	(Tel: 91-554-2034)
✚ 신라정	Calle Panamá 4	(Tel: 91-457-8833)
✚ 아리랑	Avda. de Nazaret, 10	(Tel: 91-409-7083)
✚ 한강	Calle Atocha 94	(Tel: 91-582-1201)

스페인 음식점

레스토랑도 등급에 따라 가격대가 다양하다. 고급레스토랑은 매우 비싸고 또 그 음식값에 따른 일정한 비율의 팁을 지불해야 한다. 대부분의 레스토랑 입구에 메뉴가 있으므로, 그 메뉴에 적혀 있는 가격과 음식 메뉴를 보고 레스토랑을 선택하면 된다. 단, 메뉴의 가격 외에 생수, 맥주 등의 음료와 세금 봉사료 등의 추가요금을 예상해야 한다. 또한 모든 레스토랑에서는 약간의 팁을 지불하는 것이 매너이며 관례로 되어 있다.

에티켓

식사를 할 때에는 스페인 식사 예절에 맞게 행동한다. 음식을 씹을 때는 입을 다물고, 국물은 소리나지 않게 먹으며, 트림을 하지 않는다. 커피를 마실 때에도 소리나지 않게 조용히 마신다.

술잔을 서로 건네는 행동은 삼가해야 하며, 상대방 술잔이 바닥나기 전에 채워 주되, 술잔에 가득 채우지는 않는다. 술에 취해 비틀거리는 일이 없도록 주의하며, 특히 투우장이나 축구장에 술병을 가지고 들어가지 않는다. 스페인 사람들은 경기장 안에서 판매하는 맥주를 가볍게 마시는 정도에 그친다.

❷ 예 약
Reservación

유용한 표현

■ 네 사람 식사를 예약하고 싶습니다.

Quiero reservar una mesa para cuatro personas.
끼에로 레쎄르바르 우나 메사 빠라 꾸아뜨로 뻬르소나스

■ 오늘 밤 식사를 예약하고 싶습니다.

Quiero reservar una mesa para esta noche.
끼에로 레쎄르바르 우나 메사 빠라 에스따 노체

■ 1인당 최대 50유로 내에서 식사하고 싶습니다.

Queremos comer por un máximo de 50 euros por personas.
께레모스 꼬메르 뽀르 운 막시모 데 씽꾸엔따 에우로스 뽀르 뻬르소나스

■ 어떻게 옷을 입으라는 규칙이 있습니까?

¿Hay alguna regla del vestido?
아이 알구나 레글라 델 베스띠도

■ 넥타이를 하고 오십시오.

Lleve corbata, por favor.
예베 꼬르바따 뽀르 파보르

■ 금연석 테이블을 부탁합니다.

Una mesa para no fumadores, por favor.
우나 메사 빠라 노 푸마도레스 뽀르 파보르

- 30분 정도 늦게 도착할 것입니다.

  Llegaremos unos 30 minutos tarde.
  예가레모스 우노스 뜨레인따 미누또스 따르데

- 오늘 밤 예약을 취소하고 싶습니다.

  Quiero cancelar mi reserva de esta noche.
  끼에로 깐쎌라르 미 레쎄르바 데 에스따 노체

식사

 어휘

· 예약	reserva	레쎄르바
· 빈 테이블	mesa libre	메사 리브레
· 1인당	por persona	뽀르 뻬르소나
· 3인용 식탁	una mesa para tres personas	우나 메사 빠라 뜨레스 뻬르소나스
· 흡연석 식탁	una mesa para fumadores	우나 메사 빠라 푸마도레스
· 금연석 식탁	una mesa para no fumadores	우나 메사 빠라 노 푸마도레스

실용회화

- 손　님 : Quiero reservar una mesa.
  끼에로 레쎄르바르 우나 메사
  예약부 : ¿A qué hora la quiere?
  아 께 오라 라 끼에레

- 손　님 : A las ocho y media.
  알 라스 오초 이 메디아
  예약부 : Está bien. ¿Cuántas personas?
  에스따 비엔 꾸안따스 뻬르소나스

- 손　님 : Somos cinco.
  쏘모스 씽꼬
  예약부 : ¿Cómo se llama usted?
  꼬모 세 야마 우스뗏

- 손　님 : Me llamo Lee.
  메 야모 리
  예약부 : Muy bien.
  무이 비엔

- 손　님 : 식사 예약을 하고 싶습니다.
  예약부 : 몇 시에 하시길 원하십니까?

- 손　님 : 8시 반에 하려고 합니다.
  예약부 : 좋습니다. 몇 분이십니까?

- 손　님 : 다섯 명입니다.
  예약부 : 성함이 어떻게 되십니까?

- 손　님 : 저는 리입니다.
  예약부 : 됐습니다.

스페인 레스토랑

스페인의 레스토랑은 포크의 수로 등급이 정해진다. 최고급의 경우는 포크가 5개이며 가장 싼 레스토랑은 포크 1개가 그려져 있다. 거의 대부분의 레스토랑마다 각 음식 가격을 적은 메뉴가 식당 바깥쪽 보이는 곳에 있기 때문에 레스토랑에 들어가기 전에 가격 및 메뉴를 미리 볼 수 있다. 점심시간은 보통 1시 30분부터 4시까지이고 저녁식사는 8시 30분부터 12시까지인데 주말에는 심야까지 식사시간을 연장하기도 한다. 이 시간 외에는 문을 닫기 때문에 레스토랑을 이용할 수 없다. 점심과 저녁식사를 우리보다 매우 늦게 하며, 우리와는 달리 긴 시간동안 다양한 이야기를 나누면서 여러 음식을 즐기며 식사한다. 그러나 아침식사는 까페떼리아(**cafetería**)에서 빵과 커피 정도로 매우 간단하게 먹는다.

❸ 레스토랑에서
En el restaurante

유용한 표현

- 빈자리 있습니까?
  ¿Hay una mesa libre?
  아이 우나 메살 리브레

- 네 사람 앉을 빈자리 있습니까?
  ¿Tienen una mesa para cuatro personas?
  띠에넨 우나 메사 빠라 꾸아뜨로 뻬르소나스

- 지금 식사가 됩니까?
  ¿Es posible una comida ahora?
  에스 뽀시블레 우나 꼬미다 아오라

- 창쪽의 테이블을 원합니다.
  Quiero una mesa al lado de la ventana.
  끼에로 우나 메사 알 라도 델 라 벤따나

- 구석 자리를 주시겠습니까?
  ¿Nos puede dar una mesa en el rincón?
  노스 뿌에데 다르 우나 메사 엔 엘 링꼰

- 몇 시까지 열려 있습니까?
  ¿Hasta qué hora está abierto?
  아스따 께 오라 에스따 아비에르또

어휘

· 문을 열다	abrir	아브리르
· 문을 닫다	cerrar	쎄라르
· 기다리다	esperar	에스뻬라르
· 구석에	en el rincón	엔 엘 링꼰
· 창가에	al lado de la ventana	알 라도 델 라 벤따나
· 아침식사	el desayuno	엘 데사유노
· 점심식사	el almuerzo	엘 알무에르쏘
· 저녁식사	la cena	라 쎄나

식사

스페인 레스토랑 예약

고급레스토랑이나 사람들에게 인기가 있는 음식점은 미리 예약해야 한다. 예약은 호텔 프론트에서도 할 수 있다. 레스토랑에 도착하면 예약을 했다고 말하고 웨이터가 자리를 안내해줄 때까지 기다리면 된다.

- 손 님 : **He reservado una mesa para esta noche.**
  에 레쎄르바도 우나 메사 빠라 에스따 노체

  웨이터 : **¿Su nombre, por favor?**
  수 놈브레 뽀르 파보르

- 손 님 : **Soy Insu Lee.**
  쏘이 인수 리

  웨이터 : **Bienvenido Sr. Lee. Su mesa está preparada. Venga por aquí.**
  비엔베니도 세뇨르 리 수 메사 에스따 쁘레빠라다
  벵가 뽀르 아끼

- 손 님 : **Gacias.**
  그라씨아스

- 손 님 : 오늘 저녁식사 예약을 했습니다.
  웨이터 : 손님 성함이 어떻게 되십니까?

- 손 님 : 저는 이인수입니다.
  웨이터 : 어서 오십시오. 손님의 식탁은 준비되어 있습니다. 이리 오세요.

- 손 님 : 감사합니다.

- 웨이터 : Buenas tardes.
  부에나스 따르데스
- 손 님 : Somos tres y no tenemos reserva. ¿Hay alguna mesa libre?
  쏘모스 뜨레스 이 노 떼네모스 레쎄르바 아이 알구나 메사 리브레

- 웨이터 : Hay que esperar alrededor de una media hora.
  아이 께 에스뻬라르 알레데도르 데 우나 메디아 오라
- 손 님 : Sí, esperamos.
  씨 에스뻬라모스

- 웨이터 : ¿Prefiere la mesa para fumadores o no fumadores?
  쁘레피에레 라 메사 빠라 푸마도레스 오 노 푸마도레스
- 손 님 : Para fumadores, por favor.
  빠라 푸마도레스 뽀르 파보르

식사

- 웨이터 : 안녕하세요.
- 손 님 : 우리는 세 명인데 예약은 안했습니다. 빈 식탁 있습니까?

- 웨이터 : 약 30분 기다려야 합니다.
- 손 님 : 네. 기다리겠습니다.

- 웨이터 : 흡연석이나 금연석 중 어느 자리를 원하십니까?
- 손 님 : 흡연석을 원합니다.

❹ 주문
Pedido

유용한 표현

- 주문해도 됩니까?

  ¿Puedo pedir?
  뿌에도 뻬디르

- 메뉴 좀 부탁합니다.

  La carta, por favor.
  라 까르따 뽀르 파보르

- 저에게 무엇을 추천하시겠습니까?

  ¿Qué plato me recomienda?
  께 쁠라또 메 레꼬미엔다

- 오늘의 특별 요리가 무엇입니까?

  ¿Qué es el plato especial de hoy?
  께 에스 엘 쁠라또 에스뻬시알 데 오이

- 이 지역의 향토음식이 있습니까?

  ¿Hay platos típicos de esta región?
  아이 쁠라또스 띠삐꼬스 데 에스따 레히온

- 영어로 된 메뉴판이 있습니까?

  ¿Tienen el menú escrito en inglés?
  띠에넨 엘 메누 에스끄리또 엔 잉글레스

- 이 음식은 어떤 것입니까?
  ¿Cómo es este plato?
  꼬모 에스 에스떼 쁠라또

- 저는 정식을 먹겠습니다.
  Quiero tomar el menú del día.
  끼에로 또마르 엘 메누 델 디아

어 휘

· 메뉴	el menú / la carta	엘 메누 / 라 까르따
· 수프	la sopa	라 소빠
· 콘소메	el consomé	엘 꼰소메
· 고기	la carne	라 까르네
· 닭고기	el pollo	엘 뽈요
· 쇠고기	la carne de vaca	라 까르네 데 바까
· 스테이크	el bistec	엘 비스떽
· 등심	el solomillo	엘 쏠로밀요
· 돼지고기	la carne de cerdo	라 까르네 데 쎄르도
· 양고기	la carne de cordero	라 까르네 데 꼬르데로
· 생선	el pescado	엘 뻬스까도
· 쌀	arroz	아로쓰
· 설익은	poco cocido	뽀꼬 꼬시도
· 적당히 익힌	regular	레굴라르
· 잘 익힌	bien hecha	비엔 에차

식사

Diálogo

실용회화

- 손   님 : Camarero, el menú, por favor.
  까마레로 엘 메누 뽀르 파보르
  웨이터 : Aquí lo tiene, señor.
  아끼 로 띠에네 세뇨르

- 손   님 : Una sopa de cebolla y un bistec.
  우나 소빠 데 쎄볼야 이 운 비스떽
  웨이터 : Como verduras, ¿qué quiere usted?
  꼬모 베르두라스 께 끼에레 우스뗏

- 손   님 : Patatas fritas, y una botella de cerveza.
  빠따따스 프리따스 이 우나 보뗄야 데 쎄르베싸
  웨이터 : Muy bien, señor.
  무이 비엔 세뇨르

- 손   님 : 웨이터, 메뉴 좀 부탁합니다.
  웨이터 : 여기 있습니다, 손님.

- 손   님 : 양파 수프와 스테이크를 주세요.
  웨이터 : 야채는 무엇을 드시겠습니까?

- 손   님 : 감자튀김을 주세요. 그리고 맥주 한 병 주세요.
  웨이터 : 알았습니다, 손님.

요 리

• 수프	sopa	소빠
• 야채수프	sopa de verdura	소빠 데 베르두라
• 생선수프	sopa de pescado	소빠 데 뻬스까도
• 마늘수프	sopa de ajo	소빠 데 아호

• 샐러드	ensalada	엔살라다
• 과일샐러드	ensalada de frutas	엔살라다 데 프루따스
• 아스파라거스	espárrago	에스빠라고

• 쇠고기	carne de vaca	까르네 데 바까
• 돼지고기	carne de cerdo	까르네 데 쎄르도
• 양갈비	chuleta de cordero	출레따 데 꼬르데로
• 오리	pato	빠또
• 등심	solomillo	솔로밀요
• 닭고기	pollo	뽈요
• 생선	pescado	뻬스까도
• 새우	gamba	감바
• 치즈	queso	께소
• 감자	patata	빠따따

• 포도주	vino	비노
• 적포도주	vino tinto	비노 띤또
• 백포도주	vino blanco	비노 블랑꼬

• 후추	pimienta	삐미엔따
• 소금	sal	쌀
• 겨자	mostaza	모스따싸
• 간장	salsa de soja	살사 데 소하

식사

⑤ 디저트
Postre

유용한 표현

- 메뉴를 볼 수 있습니까?

    ¿Puedo ver el menú?
    뿌에도 베르 엘 메누

- 디저트를 먹을 수 있습니까?

    ¿Puedo tomar el postre?
    뿌에도 또마르 엘 뽀스뜨레

- 약간의 치즈를 원합니다.

    Quiero un poco de queso.
    끼에로 운 뽀꼬 데 께소

- 그것을 조금만 주시겠습니까?

    ¿Me da un poco de eso?
    메 다 운 뽀꼬 데 에쏘

- 후식을 원하지 않습니다, 감사합니다.

    No quiero postre, gracias.
    노 끼에로 뽀스뜨레 그라씨아스

- 과일을 먹을 수 있습니까?

    ¿Puedo tomar frutas?
    뿌에도 또마르 프루따스

■ 여기서 담배를 피워도 됩니까?
¿Se puede fumar aquí?
세 뿌에데 푸마르 아끼

디저트

푸딩	el flan	엘 플란
아이스크림	el helado	엘 엘라도
샤베트	el sorbete	엘 쏘르베떼
케이크	el pastel	엘 빠스뗄

사과	la manzana	라 만사나
멜론	el melón	엘 멜론
딸기	la fresa	라 프레사
포도	la uva	라 우바
바나나	el plátano	엘 쁠라따노

주스	el zumo	엘 쑤모
커피	el café	엘 까페
홍차	el té	엘 떼
녹차	el té verde	엘 떼 베르데

식사

❻ 계 산
Pago

유용한 표현

- 얼마입니까?
  ¿Cuánto es?
  꾸안또 에스

- 계산서를 주세요.
  La cuenta, por favor.
  라 꾸엔따 뽀르 파보르

- 봉사료가 포함되어 있습니까?
  ¿Está incluído el servicio?
  에스따 인끌루이도 엘 쎄르비씨오

- 신용카드를 받습니까?
  ¿Acepta usted tarjetas de crédito?
  아쎕따 우스뗏 따르헤따스 데 끄레디또

- 비자카드를 사용할 수 있습니까?
  ¿Se puede usar la tarjeta de VISA?
  세 뿌에데 우사르 라 따르헤따 데 비사

- 여행자 수표로 지불해도 됩니까?
  ¿Se puede pagar con cheque de viaje?
  세 뿌에데 빠가르 꼰 체께 데 비아헤

■ 제가 살게요.
Le invito yo.
레 인비또 요

■ 거스름돈은 가지세요.
Quédese con el cambio.
께데세 꼰 엘 깜비오

■ 당신이 가지세요.
Es para usted.
에스 빠라 우스뗏

어 휘

· 계산서	la cuenta	라 꾸엔따
· 여행자수표	el cheque de viaje(viajero)	엘 체께 데 비아헤(비아헤로)
· 신용카드	la tarjeta de crédito	라 따르헤따 데 끄레디또
· 거스름돈	el vuelto	엘 부엘또 (중남미)
· 거스름돈	la vuelta	라 부엘따 (스페인)
· 팁	la propina	라 쁘로삐나
· 영수증	el recibo	엘 레씨보
· 각자 부담으로	a escote	아 에스꼬떼

깜짝센스

팁 (la propina)

식사를 마치면 웨이터에게 계산서를 갖다 달라고 부탁한다. 보통 웨이터는 계산서를 접시 위에 올려서 가지고 온다. 그 접시 위에 계산서에 적힌 금액에 따라 돈을 놓으면 웨이터가 가져가서 계산을 하고 거스름돈을 접시에 담아 가져온다. 이때 그 웨이터에게 팁을 주면 되는데, 보통 계산서 액수의 5~10% 정도를 접시에 놓고 나온다.

식
사

❼ 간 식
Merienda

유용한 표현

- 여기는 셀프서비스입니까?

  ¿Aquí es autoservicio?
  아끼 에스 아우또쎄르비씨오

- 햄버거 하나와 맥주를 주세요.

  Quiero una hamburguesa y una cerveza.
  끼에로 우나 암부르게사 이 우나 쎄르베싸

- 핫도그 하나와 콜라 큰 것으로 하나 주세요.

  Quiero un perro caliente y una cocacola grande.
  끼에로 운 뻬로 깔리엔떼 이 우나 꼬까꼴라 그란데

- 그리고 감자튀김과 밀크커피를 주세요.

  Y patatas fritas y café con leche, por favor.
  이 빠따따스 프리따스 이 까페 꼰 레체 뽀르 파보르

- 대, 중, 소 중에 어떤 감자튀김을 원하십니까?

  ¿Quiere patatas fritas de grande, medio o pequeño?
  끼에레 빠따따스 프리따스 데 그란데 메디오 오 뻬께뇨

- 여기서 드실 겁니까?

  ¿Se va a comer aquí?
  세 바 아 꼬메르 아끼

- 여기서 드실 겁니까? 아니면 가져가실 겁니까?
  ¿Lo toma aquí o es para llevar?
  로 또마 아끼 오 에스 빠라 예바르

- 선불입니까?
  ¿Hay que pagar por adelantado?
  아이 께 빠가르 뽀르 아델란따도

패스트푸드

한국어	Español	발음
햄버거	hamburguesa	암부르게싸
후라이드치킨	pollo frito	뽈요 프리또
핫도그	perro caliente	뻬로 깔리엔떼
감자튀김	patatas fritas	빠따따스 프리따스
치즈	queso	께소
햄	jamón	하몬
소시지	chorizo	초리쏘
오징어튀김	calamares fritos	깔라마레스 프리또스
샐러드	ensalada	엔살라다
밀크커피	café con leche	까페 꼰 레체
맥주	la cerveza	라 쎄르베싸
주스	el zumo	엘 쑤모
대	grande	그란데
중	medio	메디오
소	pequeño	뻬께뇨

식사

명소 · 볼거리

◯ 성가족 성당 Sagrada Familia

가우디 최후의 작품이자 언제 완성될지 아무도 모르는 20세기 최고의 걸작이다. 옥수수를 거꾸로 세워놓은 듯한 독특한 모양의 이 건물은 공사가 진행 중이라 성당 안으로 들어가면 시멘트 포대와 공구 따위가 흩어져 있다. 정면의 사도상과 성모상은 단순하게 묘사된 추상 조각으로 기존의 성당에서 볼 수 있는 정교하고 섬세한 조각과는 다른 멋을 풍긴다.

엘리베이터를 타면 성당 꼭대기까지 올라갈 수 있다. 걸어서 올라갈 수 있지만 매우 높고 힘들기 때문에 대부분 엘리베이터를 탄다. 엘리베이터는 매우 느리며 약 1.3유로를 입장료와 별도로 내려온다.(내려올 때는 걸어서 내려와야 한다.)

성당 지하에는 박물관이 마련되어 있는데 가우디의 스케치 작품과 사진, 작업실 등이 있다. 1822년부터 건설되기 시작한 것으로 가우디가 만든 것으로 알려져 있지만, 처음부터 가우디가 짓기 시작한 것은 아니고, 민간 단체인 '산 호세 협회'에 의해 착공되었다. 지하 납골당의 일부가 완공되었을 때 가우디가 건설을 맡게 되어 1926년 그가 전차에 치여 불의의 사고로 사망할 때까지 가우디가 골격을 완성하였다. 그 이후 여러 명의 건축가가 이어서 짓고 있다.

탑(las Torres)은 이 성당의 상징으로 현재 완공된 부분은 안쪽의 107미터의 쌍 탑과 양측의 98.4미터 높이의 탑. 170미터의 중앙 탑과 그 뒤의 성모마리아를 상징하는 140미터의 탑은 건설될 부분이다. 지하 예배당은 박물관으로 이용되고 있으며 가우디의 묘도 이곳에 있다. 가우디는 말년에 이 성당에서 침식을 하면서 보낼 정도로 자신의 모든 열정을 기울였다고 한다. 스페인 내전 당시에는 건설이 중단되기도 했다.

관광

1. 관광 안내소
2. 관광
3. 거리에서
4. 시내버스
5. 지하철
6. 택시
7. 관광지에서
8. 사진촬영
9. 공연

관 광
Turismo

스페인 주요 도시의 관광 명소

○ 마드리드

- 태양의 문   Puerta del Sol
- 마요르 광장   Plaza Mayor
- 스페인 광장   Plaza de España
- 왕궁   Palacio Real
- 알깔라 문   Puerta de Alcalá
- 시벨레스 광장   Plaza de Cibeles
- 소피아 왕비 예술 센터   Centro de Arte Reina Sofía
- 쁘라도 박물관   Museo del Prado
- 레띠로 공원   Parque del Retiro
- 라스뜨로(벼룩시장)   El Rastro

■ 알깔라 문

○ 바르셀로나

• 대성당	Catedral
• 피카소 미술관	Museu Picasso
• 왕의 광장	Plaça del Rei
• 라스 람블라스	Las Ramblas
• 까딸루냐 광장	Plaça Catalunya
• 레이알 광장	Plaça Reial
• 해양 박물관	Museu Marítim
• 콜롬부스 기념탑	Monument a Colom
• 까딸루냐 박물관	Museu Nacional d'Art de Catalunya
• 미로 미술관	Museu de la Fundació Joan Miró
• 몬쥬익 언덕	Montjuich
• 스페인 마을	Poble Espanyol
• 성가족 성당	Sagrada Familia
• 구엘 공원	Parc Guell
• 까사 밀라	Casa Milá
• 그라시아 거리	Passeig de Gracia

관광

■ 까사 밀라

바르셀로나를 포함한 까딸루냐 지방에는 스페인어와 까딸루냐 지역어가 함께 사용된다. 따라서 위의 바르셀로나의 명소는 까딸루냐어로 표기하였다.

◐ 세비야

- 황금탑   Torre del Oro
- 알까사르   Alcázar
- 대성당   Catedral
- 히랄다 탑   Torre de la Giralda
- 스페인 광장   Plaza de España
- 마리아 루이사 공원   Parque de María Luisa
- 카르투하   Cartuja

■ 스페인 광장

◐ 그라나다

- 알함브라   La Alhambra

■ 알함브라

- 왕실 예배당   Capilla Real
- 알바이신 지역   Albaicín
- 사크로몬떼 지역   Sacromonte

◐ 똘레도

- 비사그라 문   Puerta Nueva de Bisagra
- 대성당   Catedral
- 알까사르   Alcázar
- 산또 또메 교회   Iglesia de Santo Tomé
- 엘 그레꼬의 집   Casa de El Greco
- 산따 끄루스 미술관 Museo de Santa Cruz
- 소꼬도베르 광장   Plaza de Zocodover

■ 대성당

❶ 관광 안내소
Oficina de turismo

유용한 표현

- 관광 안내소가 어디 있습니까?
  ¿Dónde está la oficina de información de turismo?
  돈데 에스딸 라 오피씨나 데 인포르마씨온 데 뚜리스모

- 시내지도가 있습니까?
  ¿Tiene un mapa de la ciudad?
  띠에네 운 마빠 델 라 씨우닷

- 유적지를 추천해 주시겠습니까?
  ¿Podría recomendarme un lugar histórico?
  뽀드리아 레꼬멘다르메 운 루가르 이스또리꼬

- 세비야를 방문하고 싶습니다.
  Quiero visitar Sevilla.
  끼에로 비시따르 세빌야

- 세고비아를 여행하는 코스가 있습니까?
  ¿Hay alguna excursión para Segovia?
  아이 알구나 에스꾸르씨온 빠라 세고비아

- 1인당 얼마입니까?
  ¿Cuál es el precio por persona?
  꾸알 에스 엘 쁘레씨오 뽀르 뻬르소나

- 몇 시에 출발합니까?

  ¿A qué hora sale?
  아 께 오라 살레

- 관광도중에 자유시간이 있습니까?

  ¿Hay tiempo libre durante la excursión?
  아이 띠엠뽈 리브레 두란떼 라 에스꾸르씨온

- 비용에 식사가 포함되어 있습니까?

  ¿Está incluida la comida en el precio?
  에스따 인끌루이달 라 꼬미다 엔 엘 쁘레씨오

어휘

· 여행사	la agencia de viajes	라 아헨씨아 데 비아헤스
· 티켓	el boleto	엘 볼레또
· 지도	el mapa	엘 마빠
· 안내원	el(la) guía	엘(라) 기아
· 장소	el lugar	엘 루가르
· 교통 수단	medios de transporte	메디오스 데 뜨란스뽀르떼
· 시내중심	el centro de ciudad	엘 쎈뜨로 데 씨우닷
· 여행일정표	el itinerario	엘 이띠네라리오
· 휴게소	la sala para descansar	라 살라 빠라 데스깐사르
· 출발시간	la hora de salida	라 오라 데 살리다
· 도착시간	la hora de llegada	라 오라 데 예가다
· 관광안내책자	el folleto turístico	엘 폴예또 뚜리스띠꼬
· 시내관광	el turismo urbano	엘 뚜리스모 우르바노

관광

Diálogo

실용회화

- A : ¿A dónde fuiste tú?
  아 돈데 푸이스떼 뚜

  B : Tuve un viaje por España.
  뚜베 운 비아헤 뽀르 에스빠냐

- A : Ah! ¿Te gustó?
  아 떼 구스또

  B : Sí, me divertí mucho.
  씨 메 디베르띠 무초

- A : ¿Has visto muchos monumentos?
  아스 비스또 무초스 모누멘또스

  B : Sí, he visto mucho.
  씨 에 비스또 무초

- A : 어디 갔었니?
  B : 스페인 여행을 다녀왔어.

- A : 아! 재미있었니?
  B : 응, 정말 재미있었어.

- A : 유적지도 많이 봤니?
  B : 그래, 많이 봤어.

마드리드 여행

최고의 번화가인 그란비아(Gran Vía)를 중심으로 시가지가 형성되어 그란비아 남쪽에 사람들이 가장 많이 모이는 뿌에르따 델 솔(Puerta del Sol)이 있다. 쇼핑의 중심은 그란비아, 여행의 중심은 뿌에르따 델 솔이다. 여기서부터 여행을 시작하면 되는데 뿌에르따 델 솔 주변은 이 도시의 중심으로, 쁘라도 박물관(Museo del Prado), 왕궁(Palacio Real), 스페인 광장(Plaza de España), 그란비아 등의 명소까지 걸어갈 수 있다.

뿌에르따 델 솔에서 마요르 거리(Calle Mayor)를 따라 서쪽으로 가면 마요르 광장(Plaza Mayor)이 나오며 광장을 중심으로 형성된 구시가지에는 역사적인 건축물이 많다. 마요르 거리가 끝나는 곳에 왕궁이 있고, 그 위에 스페인 광장이 있다. 뿌에르따 델 솔에서 동쪽으로 가면 스페인의 3대 박물관이 있고, 가까운 곳에 아름다운 레띠로 공원(Parque del Retiro)이 있다. 가장 유명한 쁘라도 박물관은 씨벨레스 광장(Plaza del Cibeles)을 지나 쁘라도 거리(Paseo del Prado)를 따라 가면 만날 수 있다. 오후에는 시벨레스 광장으로 나와 쇼핑가인 그란비아를 따라 걸어가면 볼거리가 많다. 저녁에 뿌에르따 델 솔 광장으로 다시 나오면 마드리드의 야경을 즐길 수 있다.

■ 쁘라도 박물관

❷ 관광
Excursión

유용한 표현

- 쁘라도 박물관에 가고 싶습니다.
  Quiero ir al Museo del Prado.
  끼에로 이르 알 무세오 델 쁘라도

- 박물관이 어디 있습니까?
  ¿Dónde está el museo?
  돈데 에스따 엘 무쎄오

- 몇 시까지 관람할 수 있습니까?
  ¿Hasta qué hora está abierto?
  아스따 께 오라 에스따 아비에르또

- 박물관은 몇 시에 문을 닫습니까?
  ¿A qué hora se cierra el museo?
  아 께 오라 세 씨에라 엘 무쎄오

- 4시에 문을 닫습니다.
  Se cierra a las cuatro.
  세 씨에라 알 라스 꾸아뜨로

- 이 그림은 누구의 것입니까?
  ¿De quién es este cuadro?
  데 끼엔 에스 에스떼 꾸아드로

- 고야의 그림입니다.

 Es de Goya.
 에스 데 고야

- 박물관에 가이드가 있습니까?

 ¿Hay guías en el museo?
 아이 기아스 엔 엘 무쎄오

- 피카소의 전시실은 어디에 있습니까?

 ¿Dónde está la sala de Picasso?
 돈데 에스딸 라 살라 데 삐까소

 어 휘

· 전시장	la exposición	라 엑스뽀시씨온
· 박람회	la feria	라 페리아
· 성당	la catedral	라 까떼드랄
· 성	el castillo	엘 까스띨요
· 기념물	el monumento	엘 모누멘또
· 공원	el parque	엘 빠르께
· 광장	la plaza	라 쁠라싸
· 개관시간	la hora de apertura	라 오라 데 아뻬르뚜라
· 폐관시간	la hora de cierre	라 오라 데 씨에레
· 입구	la entrada	라 엔뜨라다
· 출구	la salida	라 살리다
· 팜플렛	el folleto	엘 폴예또
· 작품	la obra	라 오브라
· 그림	el cuadro	엘 꾸아드로
· 조각	la escultura	라 에스꿀뚜라
· 작가	el autor	엘 아우또르
· 고전	clásico	끌라시꼬
· 현대	moderno	모데르노
· 시대	la época	라 에뽀까

관광

투우 corrida de toros

스페인에서 투우는 4월에서 10월까지 주로 축제일과 일요일에 열린다. 보통 오후 6시 경에 막을 연다. 스페인 전국에 300여 개의 투우장이 있고, 마드리드의 투우장은 좌석이 3만석 이상으로 스페인 최대 규모이다. 관중석 한 부분에 5~6인조의 악단이 자리잡고 있으며, 이들의 연주와 함께 경기가 시작된다.

이들이 연주하는 빠소도블레(paso doble)가 울려퍼지면, 투우사(toreros)와 보조인(cuadrillas)들의 입장과 함께 투우가 막을 연다. 투우사의 복장은 금실, 은실에 진주장식으로 매우 화려하며 한벌에 수백만원을 호가하는 고급의상이다. 투우사와 보조인들이 입장하여 본부석에 대한 의식으로 그날의 투우가 시작된다. 매 경기당 15분 정도의 과정을 6번 반복하여 6마리의 소를 3명의 투우사가 각 2마리씩 맡아 싸운다. 각 경기는 다음과 같은 과정으로 진행된다.

① 베로니까(verónica)라고 불리는 과정으로 건장하고 힘센 숫소의 등장과 함께 3명의 투우사가 번갈아 까빠(capa)로 소를 얼른다.

② 갑옷을 입은 말을 탄 삐까도르(picador)가 등장하여 소의 등골을 긴 창으로 찌른다. 소는 피를 흘리기 시작하고 관중들은 흥분하게 된다.

③ 3명의 반데릴예로(banderillero)가 각 두 개의 반데릴야(banderilla : 장식 작살)를 들고 나와 리본으로 표시된 소의 목덜미에 찔러넣는다. 이 반데리야는 빠지지 않고 계속 찔린 채 매달려 있게 되고 소는 더욱 흥분한다.

④ 악단의 연주와 함께 이 소와 싸우게 될 투우사가 등장한다. 물레따(muleta)를 들고 나와 소를 얼르는 과정으로 투우의 중요한 요소이다.

⑤ 트럼펫 소리와 함께 투우의 좌장의 신호로 최후 순간이 다가온다. 긴 칼을 집어든 투우사는 소와 정면 대결을 펼친다. 투우사는 소에게 달려들면서 소등의 급소에 긴칼을 찔러야 한다. 정확히 명중되면 1미터 정도의 긴 칼이 손잡이만 남고 다 들어가 소의 심장을 관통하고 소는 무릎을 꿇고 쓰러지게 된다. 이런 과정이 모두 여섯 번 반복되고 나면 그 날의 투우는 막을 내린다.

관광

마드리드의 투우장 plaza de toros

로마의 원형 경기장을 모방하여 1929년에 신무데하르 양식으로 건축한 투우장이다. 유명했던 투우사 지조의 동상과 플레밍 박사의 동상이 있고 우기를 피해 3월부터 10월까지 매주 일요일마다 경기가 열린다. 마드리드의 축제기간인 5월에는 거의 매일 경기가 열린다.

❸ 거리에서
En la calle

 유용한 표현

- 어떻게 해야 이 주소로 갈 수 있습니까?
  ¿Cómo puedo ir a esta dirección?
  꼬모 뿌에도 이르 아 에스따 디렉씨온

- 환전소가 어디 있습니까?
  ¿Dónde está la oficina de cambio?
  돈데 에스딸 라 오피씨나 데 깜비오

- 스페인 광장은 어디 있습니까?
  ¿Dónde está la Plaza de España?
  돈데 에스딸 라 쁠라싸 데 에스빠냐

- 이 거리의 이름이 무엇입니까?
  ¿Cómo se llama esta calle?
  꼬모 세 야마 에스따 깔예

- 걸어서 갈 수 있습니까?
  ¿Puedo ir a pie?
  뿌에도 이르 아 삐에

- 저는 길을 잃었습니다.
  Me he perdido.
  메 에 뻬르디도

- 이 길은 어디로 갑니까?
  ¿A dónde se va esta calle?
  아 돈데 세 바 에스따 깔예

- 이 지도에서 우리가 어디 있는지 알려주세요.
  Enséñame dónde estamos ahora en este mapa.
  엔세냐메 돈데 에스따모스 아오라 엔 에스떼 마빠

- 노르떼 역이 여기서 가깝습니까?
  ¿Está cerca de aquí la estación Norte?
  에스따 쎄르까 데 아낄 라 에스따씨온 노르떼

- 저에게 약도를 그려주실 수 있습니까?
  ¿Puede dibujarme aquí un plano?
  뿌에도 디부하르메 아끼 운 쁠라노

- 저 건물은 무엇입니까?
  ¿Qué es aquel edificio?
  께 에스 아껠 에디피씨오

 어 휘

신호등	el semáforo	엘 쎄마포로
안내책자	la guía	라 기아
지도	el mapa	엘 마빠
좌회전하다	doblar a la izquierda	도블라르 알 라 이쓰끼에르다
우회전하다	doblar a la derecha	도블라르 알 라 데레차
공중전화	teléfono público	뗄레포노 뿌블리꼬
걸어서	a pie	아 삐에
버스로	en autobús	엔 아우또부스
택시로	en taxi	엔 딱시
동쪽	el este	엘 에스떼
서쪽	el oeste	엘 오에스떼
남쪽	el sur	엘 수르
북쪽	el norte	엘 노르떼
교차로	el cruce	엘 끄루쎄
상가	la calle comercial	라 깔레 꼬메르씨알
공원	el parque	엘 빠르께
시장	el mercado	엘 메르까도
시청	el ayuntamiento	엘 아윤따미엔또
공중화장실	servicio público	쎄르비씨오 뿌블리꼬
경찰관	el policía	엘 뽈리씨아

관광

Diálogo

실용회화

- 여행자 : Perdón, estoy buscando un banco.
  뻬르돈 에스또이 부스깐도 운 방꼬

  행 인 : Vaya esta calle todo derecho y doble a la derecha.
  바야 에스따 깔예 또도 데레초 이 도블레 알 라 데레차

- 여행자 : ¿Puedo ir a pie?
  뿌에도 이르 아 삐에

  행 인 : Sí, está cerca de aquí.
  씨 에스따 쎄르까 데 아끼

- 여행자 : ¿Cuánto se tarda?
  꾸안또 세 따르다

  행 인 : Unos 3 minutos.
  우노스 뜨레스 미누또스

- 여행자 : Bien, muchas gracias.
  비엔 무차스 그라씨아스

  행 인 : De nada.
  데 나다

깜짝센스

스페인은 유적지가 많아서 볼거리도 매우 많다. 여름에 스페인을 여행하는 경우에는 우리나라의 여름복장을 준비하고 또 햇빛이 강하므로 선글라스를 준비하는 것이 좋다. 관광 안내소는 주로 공항, 역, 그리고 시내 중심가에 있으며, 이곳에서 숙박, 관광 등에 대한 정보와 각종 지도를 구할 수 있다.

- 여행자 : 실례합니다. 은행을 찾고 있습니다.
  행　인 : 이 길로 계속 가서 오른쪽으로 도세요.

- 여행자 : 걸어서 갈 수 있습니까?
  행　인 : 네, 여기서 가깝습니다.

- 여행자 : 얼마나 걸릴까요?
  행　인 : 약 3분 정도 걸립니다.

- 여행자 : 네, 대단히 감사합니다.
  행　인 : 천만에요.

쁘라도 미술관

1819년 개관한 쁘라도 미술관은 마드리드 시내에 있다. 유럽 3대 미술관 중의 하나로 스페인이 자랑하는 세계적인 미술관이다. 쁘라도 미술관은 약 8천 점 이상의 작품을 소장하고 있으며, 이중에는 스페인의 3대 거장인 엘 그레꼬(El Greco, 1541~1614), 벨라스께스(Velázquez, 1599~1660), 고야(Goya, 1746~1828)의 작품도 있다. 미술관 건물은 1787년에 완공된 신고전주의 양식으로 건물 자체만으로도 볼 가치가 충분하다.

❹ 시내버스
Autobús

유용한 표현

- 버스노선 지도 있습니까?
  ¿Tiene el plan de las líneas de autobús?
  띠에네 엘 쁠란 델 라스 리네아스 데 아우또부스

- 스페인 광장에 가려고 합니다.
  Quiero ir a la Plaza de España.
  끼에로 이르 알 라 쁠라싸 데 에스빠냐

- 마요르 광장으로 가는 버스가 있습니까?
  ¿Hay algún autobús a Plaza Mayor?
  아이 알군 아우또부스 아 쁠라싸 마요르

- 어디서 그 버스를 탈 수 있습니까?
  ¿Dónde puedo tomar ese autobús?
  돈데 뿌에도 또마르 에쎄 아우또부스

- 마요르 광장으로 가는 버스 정류장은 어디 있습니까?
  ¿Dónde está la parada de autobús a Plaza Mayor?
  돈데 에스딸 라 빠라다 데 아우또부스 아 쁠라싸 마요르

- 버스로 얼마나 걸립니까?
  ¿Cuánto tiempo se tarda en autobús?
  꾸안또 띠엠뽀 세 따르다 엔 아우또부스

- 이 버스가 차마르띤 역으로 갑니까?
  ¿Va este autobús a la estación de Chamartín?
  바 에스떼 아우또부스 알 라 에스따씨온 데 차마르띤

■ 마요르 광장까지는 몇 정거장이 남았습니까?
¿Cuántas paradas faltan para llegar a Plaza Mayor?
꾸안따스 빠라다스 팔딴 빠라 예가르 아 쁠라싸 마요르

■ 제가 버스를 갈아타야 합니까?
¿Tengo que cambiar el autobús en el camino?
뗑고 께 깜비아르 엘 아우또부스 엔 엘 까미노

■ 여기서 내릴 겁니다.
Quiero bajar aquí.
끼에로 바하르 아끼

 어 휘

· 시내버스	autobús ciudadano	아우또부스 씨우다다노
· 버스노선	línea de autobús	리네아 데 아우또부스
· 버스정류장	la parada de autobús	라 빠라다 데 아우또부스
· 트롤리 버스	trolebús	뜨롤레부스
· (시간이) 걸리다	tardarse	따르다르세
· 도착하다	llegar	예가르
· 요금	la tarifa	라 따리파
· 승차권	el billete	엘 빌예떼
· ~행	para	빠라
· 운전사	el conductor	엘 꼰둑또르
· 타다	subir	수비르
· 내리다	bajar	바하르

관광

버스

스페인에서는 버스와 지하철을 동일한 티켓으로 이용한다. 시내에 많은 버스노선이 있지만 지리에 익숙하지 않고 말이 통하지 않는 관광객들이 이용하기는 힘들다. 1회권을 구입하는 것보다 10회 이용권을 구입하여 여러 명이 함께 사용하는 것이 좋다.

1회 이용권은 95센띠모, 10회 이용권은 5유로이며, 요금은 전 구간에서 동일하다.

버스는 지하철에 비하여 노선이 다양하여 시내 구석구석까지 갈 수 있다. 아침 6시부터 밤 12시까지 운행하며 그 후 야간에는 부오 **(búho)**라는 야간버스가 운행된다. 버스정류장에 간단하게 노선이 안내되어 있지만 자세한 버스노선도를 이용하는 것이 더욱 편리하다.

해외여행보험

해외여행시의 불의의 사고에 대비하여 해외여행보험에 가입하는 것이 좋다. 해외여행보험이란 해외여행을 떠나 여행을 마치고 다시 집에 도착할 때까지 여행 중에 발생할 수 있는 상해, 질병, 배상책임, 휴대품 손해를 돈으로 보상해 주는 보험을 말한다. 이 보험은 해외여행지에서 돌아오면 그 효력이 소멸되는 일회성 보험으로 여행기간 동안에 생긴 사고에 대해서만 보상을 받게 된다.

해외여행보험은 출발 1주일 전에 가입하는 것이 좋다. 부부가 함께 여행할 경우에는 약 50%의 추가부담료만 내면 부부가 동시에 보상받을 수 있다. 국내보험회사의 화재부에서 가입하며 여행사를 통해서도 가입이 가능하다.

사고가 발생한 날부터 30일 이내에 필요서류를 갖추어 보험회사의 본·지점에 청구하면 된다. 각 보험회사의 해외지점 및 영업소는 가입할 때 받는 책자의 뒷면에 나와 있다. 현지의 해외지점에서도 보험금을 지급받을 수 있으나 보통 여행기간이 한달을 넘지 않을 경우 귀국 후 청구하는 방법이 일반적이다.

휴대품 분실사고의 경우, 해당 보험사에 구비서류를 제출, 보험금 지급을 청구하면 자체판정에 의해 보험금의 액수와 지급여부를 결정하여 여행자에게 통보해 준다. 당사자 잘못으로 분실했거나 남의 물건을 보관했을 경우에는 휴대품 보상 대상에서 제외된다. 또한 비디오, 카메라 같은 고가품은 물건구입 영수증과 출국시 세관에 신고한 확인증, 현지 경찰서 발행의 도난증명서 등이 필요하므로 물품을 구입한 영수증은 반드시 보관하여야 한다.

❺ 지하철
Metro

유용한 표현

- 지하철 노선도를 원합니다.
  Quiero un plan de las líneas del metro.
  끼에로 운 쁠란 델 라스 리네아스 델 메뜨로

- 가장 가까운 지하철역이 어디 있습니까?
  ¿Dónde está la estación del metro más cercano?
  돈데 에스딸 라 에스따씨온 델 메뜨로 마스 쎄르까노

- 지하철로 마요르 광장에 갈 수 있습니까?
  ¿Puedo ir a Plaza Mayor en el metro?
  뿌에도 이르 아 쁠라싸 마요르 엔 엘 메뜨로

- 씨벨레스 광장에 가려면 어디서 내려야 합니까?
  ¿Dónde tengo que bajar para ir a la Plaza de Cibeles?
  돈데 뗑고 께 바하르 빠라 이르 알 라 쁠라싸 데 씨벨레스

- 어디서 지하철 표를 살 수 있습니까?
  ¿Dónde puedo comprar el billete?
  돈데 뿌에도 꼼쁘라르 엘 빌예떼

- 노르떼 역까지는 몇 정거장이 남았습니까?
  ¿Cuántas estaciones faltan para llegar a la estación de Norte?
  꾸안따스 에스따씨오네스 팔딴 빠라 예가르 알 라 에스따씨온 데 노르떼

- 이 지하철이 노르떼 역에서 정지합니까?

  ¿Este metro se para en la estación de Norte?
  에스떼 메뜨로 쎄 빠라 엔 라 에스따씨온 데 노르떼

- 꼴론역까지 얼마나 걸립니까?

  ¿Cuánto tiempo se tarda hasta la estación de Colón?
  꾸안또 띠엠뽀 쎄 따르다 아스딸 라 에스따씨온 데 꼴론

- 다음은 무슨 역입니까?

  ¿Qué es la próxima estación?
  께 에슬 라 쁘록시마 에스따씨온

어 휘

한국어	스페인어	발음
지하철역	la estación del metro	라 에스따씨온 델 메뜨로
지하철 표	billete	빌예떼
다음 역	la próxima estación	라 쁘록시마 에스따씨온
도착하다	llegar	예가르
입구	la entrada	라 엔뜨라다
출구	la salida	라 살리다
매표소	la taquilla	라 따낄야
환승	el trasnsbordo	엘 뜨란스보르도
개찰구	el portillo de andén	엘 뽀르띨요 데 안덴
플랫홈	el andén	엘 안덴
영업중	abierto	아비에르또
분실물센터	oficina de objetos perdidos	오피씨나 데 오브헤또스 뻬르디도스

관광

지하철

스페인에서 지하철은 'METRO'라고 하며 입구에 표시되어 있다. 마드리드에는 11개 노선, 바르셀로나에는 5개 노선이 운행되고 있으며, 마드리드의 경우 지하철 노선이 대부분 관광 포인트를 거치기 때문에 편리하다.

아침 6시부터 밤 1시까지 운행되며 운행 간격은 3~5분이다. 한 장의 티켓으로 10번 승차할 수 있는 Bono Metro를 이용하면 가격이 저렴하다.

지하철 표는 우리나라와 같이 지하철 매표소와 자동매표소에서 구입할 수 있고, 또한 에스땅꼬(Estanco)에서도 구입할 수 있다. 매표소에서 표를 살 때 지하철 노선도를 얻어두면 편리하다. 일부 지하철의 문은 수동으로 열어야 한다.

명소 · 볼거리

◯ 왕궁 Palacio Real

마요르 거리가 끝나는 지점에서 북쪽으로 난 바옌 거리(Calle Ballén)를 따라 조금 올라가면 거대한 왕궁이 나타난다. 밝은 회색의 화강암 건물이라 견고하고 튼튼해 보인다. 널찍한 광장에 디근자 모양의 건물은 외관만으로도 멋있다. 그러나 이 왕궁은 현재의 스페인 국왕 일가가 사는 곳은 아니고 내부를 모두 전시장으로 꾸며 놓은 관광지이다.

왕궁 오른쪽 입구에서 표를 사면 왕궁 안의 모든 전시관을 둘러볼 수 있다. 왕궁 앞쪽에 여러가지 동상 등이 세워진 오리엔떼 광장이 있다.

■ 왕궁

⑥ 택시
Taxi

유용한 표현

■ 어디서 택시를 탈 수 있습니까?
¿Dónde puedo coger el taxi?
돈데 뿌에도 꼬헤르 엘 딱시

■ 택시정류장이 어디 있습니까?
¿Dónde está la parada de taxis?
돈데 에스딸 라 빠라다 데 딱시스

■ 저에게 택시를 불러주세요.
Llame un taxi para mí, por favor.
야메 운 딱시 빠라 미 뽀르 파보르

■ 공항까지 얼마나 걸립니까?
¿Cuánto tiempo se tarda al aeropuerto?
꾸안또 띠엠뽀 세 따르다 알 아에로뿌에르또

■ 쁘라도 박물관으로 가주세요.
Hasta el Museo del Prado, por favor.
아스따 엘 무쎄오 델 쁘라도 뽀르 파보르

■ 이 주소로 가주세요.
A esta dirección, por favor.
아 에스따 디렉씨온 뽀르 파보르

- 급합니다.

  Tengo prisa.
  뗑고 쁘리사

- 여기 세워주세요.

  Párese aquí, por favor.
  빠레쎄 아끼 뽀르 파보르

- 얼마입니까?

  ¿Cuánto es?
  꾸안또 에스

- 잔돈은 당신이 가지세요.

  Quédese con el cambio.
  께데쎄 꼰 엘 깜비오

- 공항까지 얼마입니까?

  ¿Cuánto cuesta hasta el aeropuerto?
  꾸안또 꾸에스따 아스따 엘 아에로뿌에르또

- 한 시간 후에 여기로 와주실 수 있습니까?

  ¿Puede volver aquí una hora después?
  뿌에데 볼베르 아끼 우나 오라 데스뿌에스

- 여기서 저를 기다려주세요.

  Espéreme aquí, por favor?
  에스뻬레메 아끼 뽀르 파보르

관광

Diálogo

실용회화

- 운전기사 : **¿A dónde va usted?**
  아 돈데 바 우스뗏
- 손　　님 : **Al aeropuerto, por favor.**
  알 아에로뿌에르또 뽀르 파보르

- 운전기사 : **Aquí estamos.**
  아끼 에스따모스
- 손　　님 : **¿Cuánto es?**
  꾸안또 에스

- 운전기사 : **18 euros.**
  디에씨오초 에우로스
- 손　　님 : **Aquí tiene. Quédese con el cambio.**
  아끼 띠에네 께데쎄 꼰 엘 깜비오

- 운전기사 : 어디로 가십니까?
  손　　님 : 공항으로 가주세요.

- 운전기사 : 다 왔습니다.
  손　　님 : 얼마입니까?

- 운전기사 : 18유로입니다.
  손　　님 : 여기 있습니다. 잔돈은 가지세요.

어휘

· 택시 운전사	taxista	딱시스따
· 택시정류장	la parada de taxis	라 빠라다 데 딱시스
· 요금	el precio	엘 쁘레씨오
· 영수증	el recibo	엘 레씨보
· 거스름돈	la vuelta	라 부엘따
· 팁	la propina	라 쁘로삐나
· 트렁크	el maletero	엘 말레떼로
· 택시미터기	el taxímetro	엘 딱시메뜨로
· 빈차	libre	리브레
· 하물	el equipaje	엘 에끼빠헤
· 주소	la dirección	라 디렉씨온

(깜짝센스)

택시

스페인의 택시는 편리한 교통수단이다. 말이 통하지 않아도 주소를 보여주면 집 앞까지 친절하게 데려다 준다. 빈차는 녹색 램프가 켜있고 'LIBRE'라고 표시되어 있다. 택시의 기본요금은 1.2유로이고, 미터제이지만 짐을 트렁크에 싣는 경우는 짐의 수에 따라 추가요금을 받는다. 또한 공휴일(토요일과 자치주에 따른 축제일도 포함)과 야간에는 추가요금이 붙는다. 택시를 잡을 때는 우리나라처럼 전화로 호출하거나 도로에서 손을 흔들면 된다.

❼ 관광지에서
En el centro turístico

유용한 표현

- 입장료는 얼마입니까?
  ¿Cuánto es la entrada?
  꾸안또 에슬 라 엔뜨라다

- 몇 시까지 문을 엽니까?
  ¿Hasta qué hora está abierto?
  아스따 께 오라 에스따 아비에르또

- 한국어로 된 안내책자가 있습니까?
  ¿Tiene un folleto en coreano?
  띠에네 운 폴예또 엔 꼬레아노

- 이 박물관에는 어떤 작품이 있습니까?
  ¿Qué clase de obra tiene este museo?
  께 끌라세 데 오브라 띠에네 에스떼 무쎄오

- 가이드가 있는 관람이 있습니까?
  ¿Hay alguna gira con guía?
  아이 알구나 히라 꼰 기아

- 고야의 그림은 어디 있습니까?
  ¿Dónde están los cuadros de Goya?
  돈데 에스딴 로스 꾸아드로스 데 고야

- 이 그림은 누가 그렸습니까?
  ¿Quién pintó este cuadro?
  끼엔 삔또 에스떼 꾸아드로

■ 이 건물은 지어진 지 몇 년이나 되었습니까?
¿Cuántos años tiene este edificio?
꾸안또스 아뇨스 띠에네 에스떼 에디피씨오

■ 어느 시대에 건립되었습니까?
¿En qué época se construyó?
엔 께 에뽀까 세 꼰스뜨루요

■ 출구는 어디 있습니까?
¿Dónde está la salida?
돈데 에스딸 라 살리다

관광명소

한국어	Español	발음
입장료	la entrada	라 엔뜨라다
성인	adulto	아둘또
학생	estudiante	에스뚜디안떼
어린이	niño	니뇨
무료입장	entrada libre(gratis)	엔뜨라다 리브레(그라띠스)
개관시간	la hora de apertura	라 오라 데 아뻬르뚜라
폐관시간	la hora de cierre	라 오라 데 씨에레
입구	la entrada	라 엔뜨라다
출구	la salida	라 살리다

명승지	el lugar de interés	엘 루가르 데 인떼레스
유적	las ruinas	라스 루이나스
관광	el turismo	엘 뚜리스모
궁전	el palacio	엘 빨라씨오
왕궁	el palacio real	엘 빨라씨오 레알
동물원	el zoo	엘 쏘
사원	el templo	엘 뗌쁠로
탑	la torre	라 또레

작품	la obra	라 오브라
손대지 마시오	no tocar	노 또까르
금연	no fumar	노 푸마르
출입금지	no pasar	노 빠사르
촬영금지	no filmar	노 필마르

관광

Diálogo — 실용회화

- 여행자 : **Dos de adultos, por favor.**
  도스 데 아둘또스 뽀르 파보르
- 직 원 : **2 euros.**
  도스 에우로스

- 여행자 : **¿A qué hora sale la gira?**
  아 께 오라 살레 라 히라
- 직 원 : **A las 11. Faltan 10 minutos.**
  알 라스 온세 팔딴 디에스 미누또스

- 여행자 : **¿Cuánto tiempo se tarda?**
  꾸안또 띠엠뽀 세 따르다
- 직 원 : **Unos 40 minutos.**
  우노스 꾸아렌따 미누또스

- 여행자 : 성인 두 장 주세요.
- 직 원 : 2유로입니다.

- 여행자 : 가이드 있는 관람은 언제 시작합니까?
- 직 원 : 11시입니다. 10분 남았습니다.

- 여행자 : 얼마나 걸립니까?
- 직 원 : 약 40분 걸립니다.

바르셀로나 여행

바르셀로나는 피카소와 가우디가 활동한 예술과 관광뿐만 아니라, 국민 총생산의 20%를 차지하는 스페인 최대의 상공업으로 유명한 도시이다. 띠비다보(Tibidabo)와 몬쥬익(Montjuich)이라는 두 개의 높은 언덕 사이에 있으며 중세시대를 그대로 보존한 구시가지와 현대적 빌딩이 들어선 신시가지로 나누어져 있다.

바르셀로나의 관문 산츠역(Estacio Sants)은 시내 중심에서 서북쪽에 있는 까딸루냐 광장에 있다. 시내 중심가에서 많이 떨어져 있기 때문에 지하철을 이용하여 시내로 들어와야 한다. 바르셀로나는 항구 앞의 구시가지 외에는 바둑판처럼 질서정연하게 구획되어 있어 길 찾기가 쉽다. 도로는 대부분 까딸루냐 광장에서 뻗어 나간다. 가장 유명한 도로는 광장에서 항구까지 일직선으로 뻗어 구시가지를 비스듬히 가로지른 람블라스 거리(Las Ramblas)인데 양옆으로 바르셀로나의 주요 관광 명소가 있다. 람블라스의 오른쪽으로 고딕지구로서 대성당, 피카소 박물관이 있다.

까딸루냐 광장 북쪽으로 곧게 뻗은 그라시아 대로(Passeig de Gracia)에는 가우디가 남긴 독특한 주택이 많다. 가우디의 대작 성가족 성당(Sagrada Familia)은 시내 동쪽에 있고, 구엘 공원은 동북쪽 귀퉁이에 있다. 항구 서쪽의 높은 언덕은 올림픽 주경기장이 있는 몬쥬익 언덕이다. 바르셀로나 표기법은 까딸루냐어를 따르기 때문에 스페인어와 다르다.

❽ 사진촬영
Sacar las fotos

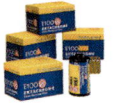

유용한 표현

- 여기서 사진을 찍을 수 있습니까?
  ¿Puedo sacar las fotos aquí?
  뿌에도 사까를 라스 포또스 아끼

- 제 사진 한 장 찍어주실 수 있습니까?
  ¿Podría sacarme una foto?
  뽀드리아 사까르메 우나 포또

- 저 건물을 배경으로 제 사진을 찍어주시겠습니까?
  ¿Podría sacármela con aquel edificio?
  뽀드리아 사까르멜라 꼰 아껠 에디피씨오

- 당신과 함께 사진을 찍고 싶습니다.
  Quiero sacarme una foto con usted.
  끼에로 사까르메 우나 포또 꼰 우스뗏

- 이 버튼만 눌러주세요.
  Solo déle al disparador.
  쏠로 델레 알 디스빠라도르

- 당신(들)에게 사진을 보내드리겠습니다.
  Le(s) voy a mandar las fotos.
  레(스) 보이 아 만다를 라스 포또스

- 이름과 주소를 알려주시겠습니까?
  ¿Puede darme su nombre y su dirección?
  뿌에데 다르메 수 놈브레 이 수 디렉씨온

- 플래시를 사용할 수 있습니까?
  ¿Se puede usar flash?
  세 뿌에데 우사르 플라시

- 필름은 어디서 살 수 있습니까?
  ¿Dónde puedo comprar la película?
  돈데 뿌에도 꼼쁘라르 라 뻴리꿀라

- 컬러필름 한 통 주세요.
  Déme un rollo de color.
  데메 운 롤요 데 꼴로르

- 카메라가 잘 작동하지 않습니다.
  La cámara no funciona bien.
  라 까마라 노 푼씨오나 비엔

관광

 어휘

카메라	cámara	까마라
컬러필름	un rollo de color	운 롤요 데 꼴로르
흑백필름	un rollo de blanco y negro	운 롤요 데 블랑꼬 이 네그로
건전지	pila	삘라
현상	revelación	레벨라씨온
플래시	flash	플라시
촬영금지	prohibido hacer fotos	쁘로이비도 아쎄르 포또스

마드리드의 스페인 광장 (Plaza de España)

그란비아와 쁘린쎄사 거리(Calle de la Princesa)가 만나는 곳에 스페인 광장이 있다. 마드리드 사진에 가장 많이 등장하는 명소로 이 광장의 중앙에는 스페인의 위대한 작가 미겔 데 세르반테스의 사후 300주년을 기념해 세운 기념비가 세워져 있다. 기념비 꼭대기에는 5개의 대륙을 나타내는 5명이 지구를 들고 있다. 또한 돈키호테와 산초 빤사의 동상이 있는데 그 뒤에는 세르반테스가 앉아 있다. 스페인의 모든 도시에는 많은 광장들이 있고, 제일 큰 광장의 이름은 대부분 스페인 광장과 마요르 광장이다. 또한 광장마다 항상 크고 작은 분수가 세워져 있다.

깜짝센스

관광

박물관, 미술관, 극장 등에 갈 경우에는 교통편과 개관시간, 그리고 폐관시간을 미리 알아두어야 한다. 일부 박물관이나 미술관에 들어갈 때 가방이나 휴대품을 보관소에 맡겨야 하는 경우도 있다. 그러나 작은 물품은 소지할 수 있다.

미술관 · 박물관 표시

✚ 입장권 무료 entrada gratuita
✚ 개관시간 오전 10시 hora de apertura 10:00
✚ 폐관시간 오후 7시 hora de cierre 19:00
✚ 휴관 cerrado
✚ 관계자 외 출입금지 No personas ajenas
✚ 자료실 archivo
✚ 출입금지 no pasar
✚ 사진 촬영 금지 no filmar
✚ 스케치 금지 no dibujar
✚ 분실물센터 oficina de objetos perdidos
✚ 고장 no funciona/fuera de servicio

❾ 공연
Representación

유용한 표현

- 오늘밤 무슨 공연을 합니까?
  ¿Oué ponen esta noche?
  께 뽀넨 에스따 노체

- 공연은 몇 시에 시작합니까?
  ¿A qué hora empieza la función?
  아 께 오라 엠삐에싿 라 푼씨온

- 가장 인기있는 영화는 무엇입니까?
  ¿Qué película es más popular?
  께 뻴리꿀라 에스 마스 뽀뿔라르

- 몇 시에 시작합니까?
  ¿A qué hora empieza?
  아 께 오라 엠삐에싸

- 몇 시에 끝납니까?
  ¿A qué hora termina?
  아 께 오라 떼르미나

- 이 영화에 누가 출연합니까?
  ¿Quién sale en esta película?
  끼엔 살레 엔 에스따 뻴리꿀라

- 화장실이 어디 있습니까?
  ¿Dónde está el servicio?
  돈데 에스따 엘 쎄르비씨오

■ 어디서 음료수를 살 수 있습니까?
¿Dónde puedo comprar las bebidas?
돈데 뿌에도 꼼쁘라를 라스 베비다스

■ 한국어로 된 안내책자가 있습니까?
¿Tiene un folleto en coreano?
띠에넨 운 폴예또 엔 꼬레아노

■ 15번 좌석은 어디 있습니까?
¿Dónde está el asiento del número 15?
돈데 에스따 엘 아시엔또 델 누메로 낀세

■ 이 좌석들은 비어있습니까?
¿Están libres estos asientos?
에스딴 리브레스 에스또스 아씨엔또스

 어 휘

· 영화(관)	el cine	엘 씨네
· 음악회	el concierto	엘 꼰씨에르또
· 극장, 연극	el teatro	엘 떼아뜨로
· 발레	el ballet	엘 발레
· 오케스트라	la orquesta	라 오르께스따
· 오페라	la ópera	라 오뻬라
· 춤	el baile	엘 바일레
· 노래	la canción	라 깐씨온
· 가수	el(la) cantante	엘(라) 깐딴떼
· 무대	la escena	라 에스쎄나
· 투우장	la plaza de toros	라 쁠라싸 데 또로스
· 투우사	el torero	엘 또레로
· 망토	la capa	라 까빠

관광

Diálogo

실용회화

- 여행자 : ¿A qué hora empieza el concierto?
  아 께 오라 엠삐에싸 엘 꼰씨에르또
- 직 원 : A las seis y a las diez.
  알 라스 세이스 이 알 라스 디에스

- 여행자 : A las diez, por favor.
  알 라스 디에스 뽀르 파보르
- 직 원 : ¿Qué localidades quiere usted?
  께 로깔리다데스 끼에레 우스뗏

- 여행자 : Centrales, por favor.
  쎈뜨랄레스 뽀르 파보르
- 직 원 : Son 30 euros.
  손 뜨레인따 에우로스

- 여행자 : 콘서트는 몇 시에 시작합니까?
- 직 원 : 6시와 10시에 시작합니다.

- 여행자 : 10시 표를 부탁합니다.
- 직 원 : 어떤 좌석을 원하십니까?

- 여행자 : 가운데 자리를 주세요.
- 직 원 : 30유로입니다.

플라멩꼬

플라멩꼬는 15세기에 스페인 남부 안달루시아 지방에 정착한 집시들이 삶의 애환과 사랑을 춤과 노래로 표현한 것이다. 집시들 특유의 즉흥적이고 기교적인 노래에 손과 발로 이루는 리듬을 가미하여 춤으로 나타낸 것이 플라멩꼬의 시작이라 할 수 있다. 한 손을 옆으로 세우고 손뼉을 치며 발을 구르는 동작으로 이어지는 플라멩꼬 춤에는 보통 두 명의 기타 반주자와 가수, 그리고 여섯 명의 무용수가 등장한다. 한 명씩 춤을 추다가 마지막에는 여섯 명이 한꺼번에 춤을 춘다. 정적인 움직임과 동적인 힘이 분명한 이 춤에는 격렬한 가운데에도 왠지 모를 슬픔이 짙게 배어 있다.

따블라오 (tablao: 플라멩꼬 공연장)

플라멩꼬는 따블라오(tablao)라고 하는 전용 공연장에서 공연되는 것이 보통이다. 저녁식사를 하면서 관람하는 것이 보통이지만 음료만으로도 관람이 가능하다. 계산서에 관람료가 포함된다. 쇼는 보통 밤 11시 경부터 시작하여 다음 날 2~3시 경에 끝난다. 수준 높은 공연은 수도 마드리드와 플라멩꼬의 발상지 안달루시아에서 볼 수 있다. 마드리드의 경우 시 중심의 마요르 광장의 여러 술집에서 중급 수준의 플라멩꼬를 즐길 수 있으며, 특별히 고급 공연을 관람하려면 여행사나 관광 안내소에 문의하는 것이 좋다. 가장 유명한 따블라오는 〈Café de Chinitas〉와 〈Corral de la Morería〉로 오랜 역사를 자랑하는 유명한 곳이다.

2003년 스페인 공휴일 안내

스페인은 17개 자치주가 자체적으로 연간 12일의 공휴일을 지정하고 있어 주별로 공휴일이 다르며 각 시, 도마다 자체 휴일이 있다. 따라서, 반드시 방문지의 휴일을 확인한 후 여행계획을 세워야 한다. 매년 12월 초부터 1월 중순까지는 성모 수태일-성탄절-주현절로 이어지는 연휴 기간인데다가 연초 시무식 직후에는 외부와 상담하지 않는 관행이 있으므로 출장은 피해야 한다. 3월말의 부활절 주간(Semana Sants)을 전후해서도 관공서, 은행, 일부 대기업을 제외하고 대부분의 민간기업이 1주일 동안 휴무에 들어가므로 출장을 피해야 한다. 7월초부터 8월말까지 여름 휴가 기간에도 출장을 피해야 한다. 스페인에서는 일반적으로 1개월의 휴가를 즐기므로 여름 휴가 기간중 대부분의 민간기업과 경제 관련 단체들은 최고 경영층에서부터 말단직원까지 일체 접촉이 불가능하다.

- 1.1   **신년** 전국
- 1.6   **주현절** 전국
- 2.28   **자치주 공휴일** 안달루시아
- 3.1   **자치주 공휴일** 발레아레스
- 3.19   **성요셉의 날** 깐따브리아, 까스띨야-라만챠, 까스띨야이레온, 발렌시아, 마드리드, 무르시아, 멜리야
- 4.17   **부활절(성목요일)** 깐따브리아, 까딸루냐, 발렌시아를 제외한 전국
- 4.18   **부활절(성금요일)** 전국
- 4.21   **성월요일** 까딸루냐, 발렌시아, 나바라, 빠이스바스꼬, 라리오하
- 4.23   **자치주 공휴일** 아라곤, 까스띠야이레온
- 5.1   **노동절** 전국

- 5.2   자치주 공휴일 마드리드
- 5.17   자치주 공휴일 갈리시아 (갈리시아 문학의 날)
- 5.30   자치주 공휴일 까나리아스
- 5.31   자치주 공휴일 까스띠야-라만차
- 6. 9   자치주 공휴일 무르시아, 라리오하
- 6.24   자치주 공휴일 까딸루냐
- 7.25   사도성인 축일 까나리아스, 깐따브리아, 갈리시아, 나바라, 빠이스바스꼬
- 8.15   성모승천일 전국
- 9.2   자치주 공휴일 쎄우따
- 9.8   자치주 공휴일 아스뚜리아스, 에스뜨레마두라
- 9.11   자치주 공휴일 까딸루냐
- 9.15   자치주 공휴일 깐따브리아
- 10.9   자치주 공휴일 발렌시아
- 10.12 신대륙발견 기념일 전국
- 10.13 자치주 공휴일 안달루시아, 아라곤, 아스뚜리아스, 에스뜨레마두라, 쎄우따, 멜리야
- 11. 1 성인 축일 전국
- 12.3   자치주 공휴일 나바라
- 12.6   제헌절 전국
- 12.8   성모 수태일 전국
- 12.25 성탄절 전국
- 12.26 자치주 공휴일 발레아레스, 까딸루냐

명소·볼거리

◐ 마요르 광장 Plaza Mayor

뿌에르따 델 솔에서 서쪽으로 향하는 마요르 거리를 따라 조금 걸어가면 길 안쪽으로 광장이 하나 나오는데 이곳이 바로 마요르 광장이다. 펠리뻬 3세가 1619년에 완성하였다. 길이 94미터, 폭 128미터의 4층 건물로 사방이 둘러 싸인 장방형 광장이다. 중세에는 마드리드 상업의 중심지였던 아라발 광장이었다.

마요르 광장은 마드리드에서 가장 규모가 큰 광장으로 펠리뻬 2세 때의 유명한 건축가 후안 데 에레라의 설계를 바탕으로 1617년부터 2년간에 걸쳐 조성되었다. 예전에는 마요르 광장에서 공공 행사가 종종 열렸다. 이곳에서 투우가 열리고 교수형이 집행되었으며, 이단 재판 결과에 따라 마녀로 몰린 사람들이 화형을 당했다.

광장 한복판에는 마요르 광장을 완공시켰던 펠리뻬 3세의 기마상이 세워져 있다. 세 번에 걸친 대화재로 인해 여러 차례 보수 공사를 했다. 정사각형의 광장 가장자리를 빙 둘러싼 건물에는 수많은 레스토랑과 바, 카페가 있고, 광장 남쪽에 여행안내소가 있다.

쇼핑

1. 백화점에서
2. 옷가게에서
3. 구두가게에서
4. 기념품점
5. 지불
6. 교환 · 클레임

❶ 백화점에서
En los grandes almacenes

유용한 표현

- 무엇을 찾으십니까?
  ¿Qué quería?
  께 께리아

- 향수는 어디서 팝니까?
  ¿Dónde se vende los perfumes?
  돈데 세 벤델 로스 뻬르푸메스

- 아동복을 찾고 있습니다.
  Busco la ropa de niños.
  부스꼴 라 로빠 데 니뇨스

- 이 도시의 특산품은 무엇입니까?
  ¿Cuáles son los artículos típicos de la ciudad?
  꾸알레스 손 로스 아르띠꿀로스 띠삐꼬스 델 라 씨우닷

- 젊은이들 사이에서는 무엇이 유행입니까?
  ¿Qué está de moda entre los jóvenes?
  께 에스따 데 모다 엔뜨렐 로스 호베네스

- 핸드백과 구두를 사고 싶습니다.
  Quiero comprar una bolsa y unos zapatos.
  끼에로 꼼쁘라르 우나 볼사 이 우노스 싸빠또스

- 이것을 포장해 주시겠습니까?
  ¿Quiere envolverme esto?
  끼에레 엔볼베르메 에스또

- 계산대가 어디 있습니까?
  ¿Dónde está la caja?
  돈데 에스딸 라 까하

쇼핑

 어휘

종업원	el(la) dependiente	엘(라) 데뻰디엔떼
보증서	documento de garantía	도꾸멘또 데 가란띠아
담배	el cigarrillo	엘 씨가르료
파이프	la pipa	라 삐빠
장갑	los guantes	로스 구안떼스
핸드백	el bolso	엘 볼소
서류가방	la cartera	라 까르떼라
바겐세일	venta a precios rebajadas	벤따 아 쁘레씨오스 레바하다스
화장품	cosméticos	꼬스메띠꼬스
도자기	cerámica	쎄라미까

Diálogo

실용회화

- A : Señorita, ¿dónde están los departamentos de medidas y calcetines?
  세뇨리따 돈데 에스딴 로스 데빠르따멘또스 데 메디다스 이 깔세띠네스
- B : A la derecha de las escaleras mecánicas?
  알 라 데레차 델 라스 에스깔레라스 메까니까스

- A : ¿Junto al departamentos de ropa interior?
  훈또 알 데빠르따멘또스 데 로빠 인떼리오르
- B : Sí, señora.
  씨 세뇨라

- A : Gracias.
  그라씨아스

상점

전문점	tienda especializada	띠엔다 에스뻬시알리싸다
공예품점	tienda de artesanía	띠엔다 데 아르떼사니아
안경점	óptica	옵띠까
완구점	la juguetería	라 후게떼리아
기념품점	tienda de recuerdos	띠엔다 데 레꾸에르도스
골동품점	tienda de antigüedades	띠엔다 데 안띠구에다데스
백화점	almacenes	알마쎄네스

- A : 아가씨, 스타킹과 양말 매장은 어디 있습니까?
  B : 에스컬레이터 오른쪽에 있습니다.

- A : 속옷 매장 옆에 있습니까?
  B : 네, 손님.

- A : 감사합니다.

깜짝센스

백화점

스페인의 유명한 백화점은 '엘 꼬르떼 잉글레스(El Corte Inglés)'이다. 우리나라처럼 식료품에서 고급브랜드 제품까지 모두 갖추어져 있다. 스페인 제품으로는 도기제품과 가죽제품이 유명하며 가죽으로 만들어진 여러 다양한 제품이 있다. 백화점과 전문점의 영업시간은 10시부터 저녁 8시까지이고 일요일과 공휴일에는 대부분 문을 열지 않는다.

❷ 옷가게에서
En la tienda de ropa

유용한 표현

- 쇼윈도우에 있는 자켓을 보여주세요.
  Quiero ver la chaqueta en el escaparate.
  께에로 베르 라 차께따 엔 엘 에스까빠라떼

- 무엇으로 만든 것입니까?
  ¿De qué material es?
  데 께 마떼리알 에스

- 실크로 만든 것입니다.
  Es de seda.
  에스 데 세다

- 손님 사이즈가 얼마입니까?
  ¿Qué talla tiene usted?
  께 딸야 띠에네 우스뗏

- 제 치수를 재주시겠습니까?
  ¿Podría tomarme las medidas?
  뽀드리아 또마르멜 라스 메디다스

- 이 치마의 사이즈는 어떻게 됩니까?
  ¿Cuál es la talla de esta falda?
  꾸알 에슬 라 딸야 데 에스따 팔다

- 제 사이즈는 37입니다.
  Mi talla es treinta y siete.
  미 딸야 에스 뜨레인따 이 씨에떼

■ 입어볼 수 있습니까?
¿Puedo probar?
뿌에도 쁘로바르

■ 탈의실이 어디 있습니까?
¿Dónde está el probador?
돈데 에스따 엘 쁘로바도르

■ 너무 길(짧)군요.
Es demasiado largo(corto).
에스 데마시아도 라르고(꼬르또)

■ 약간 낍니다(헐렁합니다).
Es un poco estrecho(ancho).
에스 운 뽀꼬 에스뜨레초(안초)

의류

· 옷	la ropa	라 로빠
· 아동복	ropa de niños	로빠 데 니뇨스
· 양복	el traje	엘 뜨라헤
· 가죽자켓	chaqueta de piel	차께따 데 삐엘
· 바지	los pantalones	로스 빤딸로네스
· 치마	la falda	라 팔다
· 셔츠	la camisa	라 까미사
· 블라우스	la blusa	라 블루사
· 조끼	el chaleco	엘 찰레꼬
· 파자마	el pijama	엘 삐하마
· 수영복	el traje de baño	엘 뜨라헤 데 바뇨
· 넥타이	la corbata	라 꼬르바따
· 벨트	el cinturón	엘 씬뚜론
· 스타킹	las medidas	라스 메디다스
· 브래지어	el sostén	엘 소스뗀

쇼핑

유용한 표현

- 한 치수 더 큰 것(작은 것) 있습니까?
 ¿Hay otro de la talla una más grande(pequeño)?
 아이 오뜨로 델 라 딸야 우나 마스 그란데(뻬께뇨)

- 제게 잘 맞습니다.
 Me queda muy bien.
 메 께다 무이 비엔

- 제게 잘 맞지 않습니다.
 No me queda bien.
 노 메 께다 비엔

- 이 디자인이 마음에 들지 않습니다.
 No me gusta este diseño.
 노 메 구스따 에스떼 디세뇨

- 다른 것을 입어볼 수 있어요?
 ¿Puedo probar otro?
 뿌에도 쁘로바르 오뜨로

- 제가 찾고 있는 것이 아닙니다.
 No es lo que estoy buscando.
 노 에슬 로 께 에스또이 부스깐도

어 휘

· 모자	el sombrero	엘 쏨브레로
· 선글라스	las gafas de sol	라스 가파스 데 솔
· 최신 유행의	de última moda	데 울띠마 모다
· 큰	grande	그란데
· 작은	pequeño	뻬께뇨
· 긴	largo	라르고
· 짧은	corto	꼬르또
· 넓은	ancho	안초
· 좁은	estrecho	에스뜨레초
· 면	algodón	알고돈
· 마	lino	리노
· 양모	lana	라나
· 실크	seda	세다
· 가죽	cuero	꾸에로

바겐세일

엘 꼬르떼 잉글레스(El Corte Inglés)와 같은 대형 백화점과 전문점은 정찰제를 실시하지만, 1~2월과 7~8월에 대대적인 바겐세일을 하며, 각종 제품마다 다양한 행사를 한다. 가능한 한 물건을 구입할 때마다 품질증명서와 영수증을 받아 잘 보관한다. 백화점과 전문점이 아닌 경우에는 말이 잘 통하지 않고 현지 사정에 어두운 외국인에게 바가지를 씌우는 경우가 있으므로 주의한다.

❸ 구두가게에서
En la zapatería

유용한 표현

- 구두 한 켤레를 사고 싶습니다.
  Quiero comprar un par de zapatos.
  끼에로 꼼쁘라르 운 빠르 데 싸빠또스

- 갈색 구두를 원합니다.
  Quiero unos zapatos marrones.
  끼에로 우노스 싸빠또스 마론네스

- 사이즈는 어떻게 됩니까?
  ¿Cuál es su talla?
  꾸알 에스 수 딸야

- 신발 사이즈가 얼마입니까?
  ¿Qué número calza usted?
  께 누메로 깔사 우스뗏

- 신어볼 수 있습니까?
  ¿Puedo probármelos?
  뿌에도 쁘로바르멜로스

- 굽이 너무 높아요.
  Los tacones son muy altos.
  로스 따꼬네스 손 무이 알또스

- 저에게는 너무 작습니다.

    Están muy pequeños para mí.
    에스딴 무이 뻬께뇨스 빠라 미

- 최신 모델입니다.

    Es el último modelo.
    에스 엘 울띠모 모델로

- 저에게 잘 맞는군요.

    Me sientan muy bien.
    메 시엔딴 무이 비엔

- 옷과 잘 어울리지 않는군요.

    No van bien con el vestido.
    노 반 비엔 꼰 엘 베스띠도

- 이것으로 하겠어요.

    Me quedo con éstos.
    메 께도 꼰 에스또스

- 얼마입니까?

    ¿Cuánto es?
    꾸안또 에스

쇼핑

Diálogo — 실용회화

- 종업원 : ¿Qué deseaba, señora?
  께 데세아바 세뇨라
- 손 님 : He visto un par de zapatos en el escaparate. Me gustan mucho.
  에 비스또 운 빠르 데 싸빠또스 엔 엘 에스까빠라떼 메 구스딴 무초

- 종업원 : ¿Cómo son?
  꼬모 손
- 손 님 : Son azul oscuro de tacón alto.
  손 아쑬 오스꾸로 데 따꼰 알또

- 종업원 : ¡Ah, ya! ¿Qué número calza?
  아 야 께 누메로 깔사
- 손 님 : El número treinta y cinco, por favor.
  엘 누메로 뜨레인따 이 씽꼬 뽀르 파보르

- 종업원 : Muy bien. ¿Quiere probárselos?
  무이 비엔 끼에레 쁘로바르셀로스
- 손 님 : Sí. Me sientan muy bien. Me los llevo.
  씨 메 시엔딴 무이 비엔 멜 로스 예보

- 종업원 : 무엇을 찾으세요? 손님.
  손 님 : 쇼윈도우에서 구두 한 켤레를 보았는데 아주 마음에 들어요.

- 종업원 : 어떤 구두죠?
  손 님 : 굽이 높은 진한 청색 구두입니다.

- 종업원 : 아! 알겠어요. 몇 호를 신으십니까?
  손 님 : 35호를 신습니다.

- 종업원 : 알겠습니다. 신어보시겠습니까?
  손 님 : 네. 저에게 아주 잘 맞는군요. 이것을 사겠어요.

 어 휘

한국어	스페인어	발음
구두	los zapatos	로스 싸바또스
부츠	las botas	라스 보따스
운동화	las zapatillas	라스 싸빠띨야스
테니스화	las zapatillas de tenis	라스 싸빠띨야스 데 떼니스
샌들	las sandalias	라스 산달리아스
슬리퍼	las chanclas	라스 찬끌라스
가죽	el cuero	엘 꾸에로
합성피혁	la piel sintética	라 삐엘 신떼띠까
사이즈	la talla	라 딸야
구두끈	el cordón	엘 꼬르돈
굽	el tacón	엘 따꼰
굽이 높은	de tacón alto	데 따꼰 알또
굽이 낮은	de tacón bajo	데 따꼰 바호

❹ 기념품점
Tienda de recuerdos

유용한 표현

- 무엇을 도와드릴까요?

  ¿En qué puedo servirle?
  엔 께 뿌에도 쎄르비를레

- 부모님께 드릴 선물을 찾고 있습니다.

  Quiero unos regalos para mis padres.
  끼에로 우노스 레갈로스 빠라 미스 빠드레스

- 왼쪽에서 세 번째 반지를 보고 싶습니다.

  Quiero ver el tercer anillo de la izquierda.
  끼에로 베르 엘 떼르쎄르 아닐요 델 라 이쓰끼에르다

- 가죽제품을 사고 싶습니다.

  Quiero comprar unos productos de piel.
  끼에로 꼼쁘라르 우노스 쁘로둑또스 데 삐엘

- 할인해주지 않습니까?

  ¿No hay descuento?
  노 아이 데스꾸엔또

- 기념품을 사고 싶습니다.

  Quiero comprar algo de recuerdos.
  끼에로 꼼쁘라르 알고 데 레꾸에르도스

■ 순금제품입니까?
¿Esto es de oro puro?
에스또 에스 데 오로 뿌로

■ 값이 싼 다른 것이 있습니까?
¿Hay otro más barato?
아이 오뜨로 마스 바라또

선물품목

• 선물	el regalo	엘 레갈로
• 기념품	los recuerdos	로스 레꾸에르도스
• 액세서리	los accesorios	로스 악세소리오스
• 공예품	el objeto de artesanía	엘 오브헤또 데 아르떼사니아
• 골동품	antigüedades	안띠구에다데스
• 가죽제품	productos de piel	쁘로둑또스 데 삐엘
• 도자기	la porcelana	라 뽀르쎌라나
• 열쇠고리	el llavero	엘 야베로
• 동전지갑	el monedero	엘 모네데로
• 재떨이	el cenicero	엘 쎼니쎄로
• 라이터	el encendedor	엘 엔쎈데도르
• 만년필	la pluma estilográfica	라 쁠루마 에스띨로그라피까
• 손목시계	el reloj de pulsera	엘 렐로흐 데 뿔세라
• 탁상시계	el reloj de mesa	엘 렐로흐 데 메사
• 손수건	el pañuelo	엘 빠뉴엘로
• 반지	el anillo	엘 아닐요
• 목걸이	el collar	엘 꼴야르
• 팔찌	la pulsera	라 뿔세라
• 브로치	el broche	엘 브로체
• 귀걸이	los pendientes	로스 뻰디엔떼스
• 보석	la joya	라 호야

쇼핑

❺ 지불
Pago

유용한 표현

- 얼마입니까?
  ¿Cuánto es?
  꾸안또 에스

- 모두 얼마입니까?
  ¿Cuánto cuesta en total?
  꾸안또 꾸에스따 엔 또딸

- 좀 비싸군요.
  Es un poco caro.
  에스 운 뽀꼬 까로

- 할인해 주실 수 있습니까?
  ¿Puede rebajarme algo?
  뿌에데 레바하르메 알고

- 좀 할인해 주시겠어요?
  ¿No hay descuento?
  노 아이 데스꾸엔또

- 5% 할인해드리겠습니다.
  Voy a descontarle 5 por ciento.
  보이 아 데스꼰따를레 씽꼬 뽀르 씨엔또

- 계산대가 어디 있습니까?
  ¿Dónde está la caja?
  돈데 에스딸 라 까하

- 이 신용카드를 사용할 수 있습니까?
  ¿Puedo usar esta tarjeta de crédito?
  뿌에도 우사르 에스따 따르헤따 데 끄레디또

■ 여행자 수표를 사용할 수 있습니까?
¿Puedo usar los cheques de viajeros?
뿌에도 우사르 로스 체께스 데 비아헤로스

■ 미국달러로 지불할 수 있습니까?
¿Puedo pagar en dólares americanos?
뿌에도 빠가르 엔 돌라레스 아메리까노스

■ 영수증을 부탁합니다.
El recibo, por favor.
엘 레씨보 뽀르 파보르

■ 계산서가 잘못된 것 같습니다.
Creo que la cuenta no es correcta.
끄레오 껠 라 꾸엔따 노 에스 꼬렉따

 어 휘

가격	el precio	엘 쁘레씨오
지불하다	pagar	빠가르
비싼	caro	까로
싼	barato	바라또
계산서	la cuenta	라 꾸엔따
신용카드	la tarjeta de crédito	라 따르헤따 데 끄레디또
여행자 수표	el cheque de viajeros	엘 체께 데 비아헤로스
달러	dólar	돌라르
영수증	el recibo	엘 레씨보
세금	el impuesto	엘 임뿌에스또
거스름돈	el cambio	엘 깜비오
할인	el descuento	엘 데스꾸엔또
현금	dinero en efectivo	디네로 엔 에펙띠보
고객	el(la) cliente	엘(라) 끌리엔떼
보증	la garantía	라 가란띠아

쇼핑

6 교환 · 클레임
Cambio · Reclamación

유용한 표현

- 전혀 작동하지 않습니다.
  No funciona nada.
  노 푼씨오나 나다

- 다른 것으로 교환해주실 수 있습니까?
  ¿Pueden cambiármelo por otro?
  뿌에덴 깜비아르멜로 뽀르 오뜨로

- 다른 새 것으로 교환해주실 수 있습니까?
  ¿Pueden cambiármelo por uno nuevo?
  뿌에덴 깜비아르멜로 뽀르 우노 누에보

- 환불해주시기 바랍니다.
  Quiero devolverlo.
  끼에로 데볼베를로

- 이 옷은 얼룩이 있습니다.
  Esta ropa tiene una mancha.
  에스따 로빠 띠에네 우나 만차

- 이 부분이 찢어져(깨져) 있습니다.
  Esta parte está rota.
  에스따 빠르떼 에스따 로따

- 이 치마가 저에게 잘 맞지 않습니다.
  Esta falda no se me ajusta bien.
  에스따 팔다 노 세 메 아후스따 비엔

- 제가 구입한 것이 아닙니다.
  No es lo que yo compré.
  노 에스 로 께 요 꼼쁘레

쇼핑

깜짝센스

물건을 산 경우에는 영수증을 꼭 받아 둔다. 단 영수증이 있다고 해서 무조건 반품 교환해 준다고 생각해서는 안 되므로 의복이나 구두를 사는 경우에는 반드시 입어보고 크기, 단추의 유무, 얼룩이나 훼손 등이 없는가를 확인해 두자. 또한 내용물이 바뀌는 경우도 있으므로 포장해 받는 경우에는 내용물을 확인하는 것을 잊지 말자. 깨지기 쉬운 물건을 한국으로 부치는 경우에는 특히 포장에 신경을 쓴다.

명소 · 볼거리

◐ 레띠로 공원 Parque del Retiro

쁘라도 미술관 동쪽에 거대하게 펼쳐진 아름다운 공원이다. 면적이 넓고, 나무 또한 매우 많이 심어져 있어서 아늑한 느낌을 주기 때문에 가족이나 연인들의 산책이나 소풍 장소로 많이 사용된다. 특히 중앙에 호수가 있고, 그 주위로 까페떼리아가 있어 여유롭게 거닐기 좋다.

호수 건너편에는 알폰소 12세의 기마상이 있고, 추락하는 천사상도 있다. 이곳에서는 야외 음악당이 있어 일요일이면 콘서트나 각종 행사가 많이 열린다.

1630년에 공원으로 조성되었는데, 당시에는 시민공원이 아니라 레띠로 궁의 정원이었다. 그러나 1734년 알까사르 요새가 불에 타버리자 펠리뻬 5세는 궁정을 레띠로 궁전으로 옮기고 이곳을 프랑스식 정원으로 꾸몄다. 1868년 이사벨라 2세가 정원을 마드리드 시민에게 내놓아 마드리드 최고의 공원이 되었다. 낮에는 아름답고 여유로운 곳이지만, 일단 해가 지면 소매치기 따위가 많아져 매우 위험하므로 일단 어두워지면 가지 않는 것이 좋고, 항상 조심한다.

교통수단

1. 예약 확인
2. 예약 변경
3. 탑승수속
4. 기차역에서
5. 기차 안에서
6. 버스
7. 렌터카
8. 도로에서
9. 주유소에서
10. 선박

❶ 예약 확인
Reconfirmación

유용한 표현

- 비행기 예약을 확인하려고 전화했습니다.

    He llamado para confirmar mi vuelo.
    에 야마도 빠라 꼰피르마르 미 부엘로

- 비행기 예약을 확인하려고 합니다.

    Quiero reconfirmar mi vuelo.
    끼에로 레꼰피르마르 미 부엘로

- 출발시간을 확인하려고 합니다.

    Quiero confirmar la hora de salida.
    끼에로 꼰피르마르 라 오라 데 살리다

- 몇 시까지 체크인할 수 있습니까?

    ¿Hasta qué hora puedo hacer los trámites de embarque?
    아스따 께 오라 뿌에도 아쎄르 로스 뜨라미떼스 데 엠바르께

- 예약을 다시 하고 싶습니다.

    Quiero hacer una reserva nueva.
    끼에로 아쎄르 우나 레쎄르바 누에바

■ 12월 12일 파리행 705편으로 예약되어 있습니다.

Queda reconfirmado el vuelo 705 a París, del 12 de diciembre.
께다 레꼰피르마도 엘 부엘로 씨에떼-쎄로-씽꼬 아 빠리스 델 도쎄 데 디씨엠브레

■ 서울행 다음 비행기는 몇 시입니까?

¿Qué hora es el siguiente vuelo a Madrid?
께 오라 에스 엘 씨기엔떼 부엘로 아 마드릿

어휘

교통수단

· 항공회사	la compañía aérea	라 꼼빠니아 아에레아
· 비행기편	el vuelo	엘 부엘로
· 예약하다	reservar	레쎄르바르
· 예약	reservación	레쎄르바씨온
· 확인하다	confirmar	꼰피르마르
· 재확인하다	reconfirmar	레꼰피르마르
· 대기자명단	lista de espera	리스따 데 에스뻬라
· 바꾸다	cambiar	깜비아르
· 시간	la hora	라 오라
· 시간표	el horario	엘 오라리오
· 목적지	el destino	엘 데스띠노
· 교통 수단	los medios de transporte	로스 메디오스 데 뜨란스뽀르떼

213

Diálogo

실용회화

- A : He llamado para confirmar mi vuelo.
  에 야마도 빠라 꼰피르마르 미 부엘로
  B : Su nombre y número del vuelo, por favor.
  수 놈브레 이 누메로 델 부엘로 뽀르 파보르

- A : Me llamo Inho Lee. Vuelo 705 a París.
  메 야모 인호 리 부엘로 씨에떼-쎄로-씽꼬 아 빠리스
  B : ¿Cuándo se va?
  꾸안도 세 바

- A : El 12 de diciembre.
  엘 도쎄 데 디씨엠브레
  B : Queda reconfirmado el vuelo 705 a París, del 12 de diciembre.
  께다 레꼰피르마도 엘 부엘로 씨에떼-쎄로-씽꼬 아 빠리스
  델 도쎄 데 디씨엠브레

- A : Bien. Gracias.
  비엔 그라씨아스
  B : De nada. Buen viaje.
  데 나다 부엔 비아헤

- A : 비행기 예약을 확인하려고 전화했습니다.
  B : 성함과 비행기편을 말씀하세요.

- A : 저는 이인호입니다. 파리행 705편입니다.
  B : 언제 출발하십니까?

- A : 12월 12일입니다.
  B : 12월 12일 파리행 705편 예약되어 있습니다.

- A : 좋습니다. 감사합니다.
  B : 천만에요. 즐거운 여행하시기 바랍니다.

깜짝센스

항공권 재확인 (Reconfirm)

항공권의 재확인 절차, 즉 해당일에 그 항공편을 이용하겠다는 의사를 늦어도 출발 3일 전까지 항공사에 알리는 것. 리컨펌이 늦어질 경우 예약 취소로 간주하여 대기자들로 자리를 채우기 때문에 자칫하면 비행기를 타지 못하는 불상사를 초래할 수 있으므로 요주의!

❷ 예약 변경
Cambio de reserva

유용한 표현

- 비행기 예약을 변경하고 싶은데요.
  Quiero cambiar mi reserva del vuelo.
  끼에로 깜비아르 미 레세르바 델 부엘로

- 어느 비행기편으로 바꾸시겠습니까?
  ¿Qué vuelo quiere cambiarse?
  께 부엘로 끼에레 깜비아르세

- 2시 출발 비행기로 바꾸고 싶습니다.
  Quiero cambiarme al vuelo de las dos.
  끼에로 깜비아르메 알 부엘로 데 라스 도스

- 마드리드행 13편을 놓쳤습니다.
  He perdido el vuelo 301 a Madrid.
  에 뻬르디도 엘 부엘로 뜨레스-쎄로-우노 아 마드릿

- 다음 비행기를 탈 수 있습니까?
  ¿Puedo tomar el siguiente vuelo?
  뿌에도 또마르 엘 씨기엔떼 부엘로

- 빈자리가 있습니까?
  ¿Hay algún asiento libre?
  아이 알군 아씨엔또 리브레

- 대기자명단에 넣어주세요.

    Póngame en la lista de espera.
    뽄가메 엔 라 리스따 데 에스뻬라

- 직항으로 부탁합니다.

    Un vuelo directo, por favor.
    운 부엘로 디렉또 뽀르 파보르

- 어느 비행기편에 자리가 있습니까?

    ¿En qué vuelo tiene un asiento libre?
    엔 께 부엘로 띠에네 운 아씨엔또 리브레

- 가능하면 가장 빨리 출발하는 비행기로 떠나고 싶습니다.

    Quiero salir con el vuelo más temprano posible.
    끼에로 살리르 꼰 엘 부엘로 마스 뗌쁘라노 뽀씨블레

깜짝센스

스페인의 항공

마드리드를 중심으로 바르셀로나, 세비야 등의 공항 사이에 정기 노선이 개설되어 있다. 도서 지역을 제외하면 전국 각 지역이 1시간 전후로 연결된다. 마드리드의 국제공항은 시내에서 13km 거리에 있는 바라하스(Barajas) 공항이다. 전용버스로 공항에서 시내까지는 대략 30분 정도 걸리고, 택시로는 약 20분 걸린다.

❸ 탑승수속
Trámite de embarque

 유용한 표현

- 어디서 탑승수속을 합니까?
  ¿Dónde se hace los trámites de embarque?
  돈데 세 아쎄 로스 뜨라미떼스 데 엠바르께

- 이베리아항공 카운터가 어디 있습니까?
  ¿Dónde está el mostrador de la Iberia?
  돈데 에스따 엘 모스뜨라도르 델 라 이베리아

- 금연석을 부탁합니다.
  Un asiento para no fumadores, por favor.
  운 아씨엔또 빠라 노 푸마도레스 뽀르 파보르

- 창쪽 좌석을 부탁합니다.
  Un asiento al lado de la ventana, por favor.
  운 아씨엔또 알 라도 델 라 벤따나 뽀르 파보르

- 통로쪽 좌석을 부탁합니다.
  Un asiento al lado del pasillo, por favor.
  운 아씨엔또 알 라도 델 빠실요 뽀르 파보르

- 이것은 기내로 가지고 가고 싶습니다.
  Quiero llevar esto en el avión.
  끼에로 예바르 에스또 엔 엘 아비온

- 초과운임이 얼마입니까?
  ¿Cuánto cuesta el exceso?
  꾸안또 꾸에스따 엘 엑쎄소

- 이것은 깨지기 쉬운 물건입니다.
  Es un objeto frágil.
  에스 운 오브헤또 프라힐

- 탑승게이트는 몇 번입니까?
  ¿Cuál es el número de la puerta de embarque?
  꾸알 에스 엘 누메로 델 라 뿌에르따 데 엠바르께

- 몇 시에 탑승할 수 있습니까?
  ¿A qué hora puedo embarcar?
  아 께 오라 뿌에도 엠바르까르

- 이것이 바르셀로나행 이베리아 13편의 탑승구입니까?
  ¿Esta puerta de embarque es para el vuelo 13 de Iberia a Barcelona?
  에스따 뿌에르따 데 엠바르께 에스 빠라 엘 부엘로 뜨레쎄 데 이베리아 아 바르셀로나

어휘

안내소	información	인포르마씨온
국제선	línea internacional	리네아 인떼르나씨오날
국내선	línea doméstica	리네아 도메스띠까
금연석	asiento para no fumadores	아씨엔또 빠라 노 푸마도레스
흡연석	asiento para fumadores	아씨엔또 빠라 푸마도레스
승객	pasajero	빠사헤로
창측	al lado de la ventana	알 라도 델 라 벤따나
통로측	al lado del pasillo	알 라도 델 빠실요
탑승하다	embarcar	엠바르까르
탑승	embarque	엠바르께
탑승권	tarjeta de embarque	따르헤따 데 엠바르께
게이트(탑승구)	puerta de embarque	뿌에르따 데 엠바르께
면세점	tienda libre de impuestos	띠엔다 리브레 데 임뿌에스또스

교통수단

❹ 기차역에서
En la estación

유용한 표현

- 매표소가 어디 있습니까?
  ¿Dónde está la taquilla?
  돈데 에스딸 라 따낄야

- 바르셀로나행 기차는 몇 시에 출발합니까?
  ¿A qué hora sale el tren para Barcelona?
  아 께 오라 살레 엘 뜨렌 빠라 바르셀로나

- 이 기차는 매일 출발합니까?
  ¿Este tren sale cada día?
  에스떼 뜨렌 살레 까다 디아

- 몇 시에 바르셀로나에 도착하게 됩니까?
  ¿A qué hora va a llegar a Barcelona?
  아 께 오라 바 아 예가르 아 바르셀로나

- 세비야행 첫(마지막) 기차는 몇 시에 출발합니까?
  ¿A qué hora sale el primer(último) tren para Sevilla?
  아 께 오라 살레 엘 쁘리메르(울띠모) 뜨렌 빠라 쎄빌야

- 마드리드행 1등석 한 장을 주세요.
  Quiero un billete de la primera clase para Madrid.
  끼에로 운 빌예떼 델 라 쁘리메라 끌라세 빠라 마드릿

- 1등석 표는 얼마입니까?
  ¿Cuánto es el billete de primera clase?
  꾸안또 에스 엘 빌예떼 데 쁘리메라 끌라세

■ 3시에 떠나는 특급열차가 있습니다.
Hay un rápido que sale a las tres.
아이 운 라삐도 께 살레 알 라스 뜨레스

■ 저는 편도표를 원합니다.
Quiero billete de ida.
끼에로 빌예떼 데 이다

어휘

· 운임	tarifa	따리파
· 매표구	taquilla	따낄야
· 매표원	taquillero	따낄예로
· 대합실	sala de espera	살라 데 에스뻬라
· 수하물보관소	la consigna	라 꼰시그나
· 개찰구	el portillo de andén	엘 뽀르띨요 데 안덴
· 편도승차권	el billete de ida	엘 빌예떼 데 이다
· 왕복승차권	el billete de ida y vuelta	엘 빌예떼 데 이다 이 부엘따
· 1등차	primera clase	쁘리메라 끌라세
· 2등차	segunda clase	세군다 끌라세

Diálogo

실용회화

- A : ¿A qué hora sale el próximo tren para Barcelona?
  아 께 오라 살레 엘 쁘록시모 뜨렌 빠라 바르셀로나

  B : Hay un rápido que sale a las tres.
  아이 운 라삐도 께 살레 알 라스 뜨레스

- A : Tres billetes de primera a Barcelona.
  뜨레스 빌예떼스 데 쁘리메라 아 바르셀로나

  B : ¿De ida y vuelta o sólo de ida?
  데 이다 이 부엘따 오 쏠로 데 이다

- A : Quiero billetes de ida.
  끼에로 빌예떼스 데 이다

  B : Aquí tiene. Son sesenta euros.
  아끼 띠에네 손 세센따 에우로스

열 차

· 보통열차	tren ómnibus	뜨렌 옴니부스
· 급행열차	tren expreso	뜨렌 에스쁘레소
· 특급열차	tren superexpreso	뜨렌 수뻬레스쁘레소
· 직행열차	tren directo	뜨렌 디렉또
· 야간열차	tren nocturno	뜨렌 녹뚜르노
· 교외열차	tren de cercanía	뜨렌 데 쎄르까니아

- A : 바르셀로나행 다음 기차는 몇 시에 출발합니까?
  B : 3시에 출발하는 특급열차가 있습니다.

- A : 바르셀로나행, 1등석 세 장 주세요
  B : 왕복입니까? 편도입니까?

- A : 저는 편도표를 원합니다.
  B : 여기 있습니다. 60유로입니다.

스페인의 철도

스페인의 철도는 전국 주요 도시를 연결하며 이용하기에 편리하다. 특히 1992년 마드리드와 세빌야를 연결하는 프랑스 TGV형의 고속철도가 개통되었다. 철도의 대부분은 국영으로 'RENFE'라고 불린다. 요금은 1등실과 2등실로 분리되고 침대칸은 1인실, 2인실, 3인실로 나누어지는데 1인실과 2인실이 1등실에 해당한다. 표는 60일 전부터 RENFE 각 지역 사무실, 기차역, 여행사 등에서 예매한다. 열차는 모두 정원제이므로 예약 없이 특급이나 급행열차에 승차할 수 없다.

❺ 기차 안에서
En el tren

유용한 표현

- 마드리드에서 세비야까지 얼마나 걸립니까?
  ¿Cuánto tiempo se tarda de Madrid a Sevilla?
  꾸안또 띠엠뽀 세 따르다 데 마드릿 아 세빌야

- 이 기차에 침대차가 있습니까?
  ¿Tiene este tren coche cama?
  띠에네 에스떼 뜨렌 꼬체 까마

- 이 기차는 어느 플랫홈에서 출발합니까?
  ¿De qué andén sale este tren?
  데 께 안덴 살레 에스떼 뜨렌

- 이 기차는 어디로 갑니까?
  ¿Para dónde es este tren?
  빠라 돈데 에스 에스떼 뜨렌

- 이 기차는 똘레도에서 정차합니까?
  ¿Este tren se para en Toledo?
  에스떼 뜨렌 세 빠라 엔 똘레도

- 여기서 얼마나 오래 정차합니까?
  ¿Cuánto tiempo para el tren aquí?
  꾸안또 띠엠뽀 빠라 엘 뜨렌 아끼

- 61번 좌석이 어디 있습니까?
  ¿Dónde está el asiento del número 61?
  돈데 에스따 엘 아씨엔또 델 누메로 세센따이우노

- 이것은 제 좌석 같은데요.
  Creo que éste es mi asiento.
  끄레오 께 에스떼 에스 미 아씨엔또

- 창문을 열어도 될까요?
  ¿Puedo abrir la ventana?
  뿌에도 아브리를 라 벤따나

- 여기가 어느 역입니까?
  ¿En qué estación estamos?
  엔 께 에스따씨온 에스따모스

- 다음은 무슨 역입니까?
  ¿Cuál es la siguiente estación?
  꾸알 에슬 라 씨기엔떼 에스따씨온

- 나는 승차권을 분실했습니다.
  He perdido mi billete.
  에 뻬르디도 미 빌예떼

어휘

· 좌석	el asiento	엘 아씨엔또
· 목적지	el destino	엘 데스띠노
· 플랫폼	la plataforma	라 쁠라따포르마
· 침대차	coche cama	꼬체 까마
· 식당차	coche comedor	꼬체 꼬메도르
· 금연차	coche no fumador	꼬체 노 푸마도르
· 상단침대	cama de arriba	까마 데 아리바
· 하단침대	cama de abajo	까마 데 아바호
· 추가요금	suplemento	수쁠레멘또
· 승무원	el revisor	엘 레비소르

교통수단

Diálogo

실용회화

- 승무원 : Billetes, por favor.
  빌예떼스 뽀르 파보르
- 승 객 : Aquí tiene: tres billetes.
  아끼 띠에네 뜨레스 빌예떼스

- 승무원 : Gracias, señores.
  그라시아스 세뇨레스
- 승 객 : ¿A qué hora va a llegar a Barcelona?
  아 께 오라 바 아 예가르 아 바르셀로나

- 승무원 : A las diez y cuarto.
  알 라스 디에스 이 꾸아르또
- 승 객 : ¿Vamos con retraso?
  바모스 꼰 레뜨라소

- 승무원 : No. Va a la hora.
  노 바 알 라 오라
- 승 객 : Gracias.
  그라씨아스

- 승무원 : 표 좀 주세요.
  승 객 : 여기 있습니다. 세 장입니다.

- 승무원 : 감사합니다.
  승 객 : 몇 시에 바르셀로나에 도착합니까?

- 승무원 : 10시 15분에 도착합니다.
  승 객 : 지연되는 것 아닙니까?

- 승무원 : 아닙니다. 정시에 도착합니다.
  승 객 : 감사합니다.

마드리드의 기차역

마드리드의 기차역은 차마르띤, 아또차, 노르떼 등 세 곳이며, 차마르띤 역과 아또차 역은 국철과 연결되어 있어서 유레일 패스를 이용할 수 있다. 차마르띤 역은 마드리드의 중앙역 역할을 하는 중요한 곳이며 여행안내소, 환전소, 우체국, 전화국, 상가 등의 편의시설이 갖추어져 있다. 아또차 역은 똘레도, 발렌시아, 안달루시아 등 스페인 남동부와 포르투갈 일부지역을 왕래하는 열차가 운행되고 있으며, 노르떼 역은 스페인 북서부를 오가는 열차가 운행되고 있다.

❻ 버스
Autobús

유용한 표현

- 버스터미널이 어디 있습니까?
  ¿Dónde está la terminal de autobús?
  돈데 에스딸 라 떼르미닐 데 아우또부스

- 매표소가 어디 있습니까?
  ¿Dónde está la taquilla?
  돈데 에스딸 라 따낄야

- 세고비아행 버스는 몇 시에 출발합니까?
  ¿A qué hora sale el autobús para Segovia?
  아 께 오라 살레 엘 아우또부스 빠라 세고비아

- 다음 버스는 몇 시에 출발합니까?
  ¿A qué hora sale el siguiente autobús?
  아 께 오라 살레 엘 씨기엔떼 아우또부스

- 그 버스는 얼마나 자주 있습니까?
  ¿Con qué frecuencia sale el autobús?
  꼰 께 프레꾸엔씨아 살레 엘 아우또부스

- 세고비아 표 한 장 주세요.
  Un billete para Segovia, por favor.
  운 빌예떼 빠라 세고비아 뽀르 파보르

- 마드리드 왕복표 하나 주세요.
  Un billete de ida y vuelta para Madrid.
  운 빌예떼 데 이다 이 부엘따 빠라 마드릿

- 마드리드까지 얼마나 걸립니까?
  ¿Cuánto tiempo se tarda hasta Madrid?
  꾸안또 띠엠뽀 세 따르다 아스따 마드릿

- 어느 것이 마드리드 행 버스입니까?
  ¿Cuál es el autobús para Madrid?
  꾸알 에스 엘 아우또부스 빠라 마드릿

- 이 자리 비어있습니까?
  ¿Este asiento está libre?
  에스떼 아씨엔또 에스딸 리브레

- 여기서 얼마동안 정차합니까?
  ¿Cuánto tiempo se para aquí?
  꾸안또 띠엠뽀 세 빠라 아끼

- 내리려고 합니다.
  Voy a bajar.
  보이 아 바하르

교통수단

어 휘

· 장거리버스	autobús de larga distancia	아우또부스 델 라르가 디스딴씨아
· 버스터미널	la terminal de autobús	라 떼르미날 데 아우또부스
· 매표소	la taquilla	라 따낄야
· 세고비아행	para Segovia	빠라 세고비아
· 표	el billete	엘 빌예떼
· 왕복표	el billete de ida y vuelta	엘 빌예떼 데 이다 이 부엘따
· 좌석	el asiento	엘 아씨엔또
· 정차하다	pararse	빠라르세
· 타다	subir	수비르
· 내리다	bajar	바하르

❼ 렌터카
Coche de alquiler

 유용한 표현

- 어디서 자동차를 빌릴 수 있습니까?
  ¿Dónde puedo alquilar un coche?
  돈데 뿌에도 알낄라르 운 꼬체

- 차를 빌리고 싶습니다.
  Quiero alquilar un coche.
  끼에로 알낄라르 운 꼬체

- 일주일 동안 필요합니다.
  Lo necesito para una semana.
  로 네쎄씨또 빠라 우나 세마나

- 어떤 차를 원하십니까?
  ¿Qué tipo prefiere usted?
  께 띠뽀 쁘레피에레 우스뗏

- 어떤 종류의 차가 있습니까?
  ¿Qué clase de coches tiene?
  께 끌라세 데 꼬체스 띠에네

- 카탈로그를 볼 수 있습니까?
  ¿Puedo ver el catálogo de coches?
  뿌에도 베르 엘 까딸로고 데 꼬체스

- 요금표를 볼 수 있습니까?
  ¿Puedo ver la lista de precios?
  뿌에도 베를 라 리스따 데 쁘레씨오스

- 오토매틱 차를 원합니다.
  Prefiero un coche automático.
  쁘레피에로 운 꼬체 아우또마띠꼬

- 이 차를 이틀간 빌리고 싶습니다.
  Quiero alquilar este coche por 2 días.
  끼에로 알낄라르 에스떼 꼬체 뽀르 도스 디아스

- 하루에 얼마입니까?
  ¿Cuánto cuesta por día?
  꾸안또 꾸에스따 뽀르 디아

- 제 목적지에서 차를 반납할 수 있습니까?
  ¿Puedo dejarlo en mi destino?
  뿌에도 데하를로 엔 미 데스띠노

- 요금에 보험이 포함되어 있습니까?
  ¿Está incluido el seguro en el precio?
  에스따 인끌루이도 엘 세구로 엔 엘 쁘레씨오

- 신용카드로 지불하고 싶습니다.
  Quiero pagar con la tarjeta de créditos.
  끼에로 빠가르 꼰 라 따르헤따 데 끄레디또스

어 휘

한국어	스페인어	발음
빌리다	alquilar	알낄라르
오토매틱 차	coche automático	꼬체 아우또마띠꼬
보험	seguro	세구로
운전면허증	permiso de conducir	뻬르미소 데 꼰두씨르
보증금	el depósito	엘 데뽀시또
도로지도	el mapa de carreteras	엘 마빠 데 까레떼라스
고속도로	la autopista	라 아우또삐스따
국도	la carretera nacional	라 까레떼라 나씨오날
모텔	el motel	엘 모뗄
국제운전면허증	licencia internacional de conducir	리쎈시아 인떼르나씨오날 데 꼰두씨르

⑧ 도로에서
En la carretera

유용한 표현

- 이 도로 이름이 무엇입니까?
  ¿Cómo se llama esta carretera?
  꼬모 세 야마 에스따 까레떼라

- 바르셀로나에 가고 싶습니다.
  Quiero ir a Barcelona.
  끼에로 이르 아 바르셀로나

- 말라가까지는 몇 킬로입니까?
  ¿Cuántos kilómetros hay hasta Málaga?
  꾸안또스 낄로메뜨로스 아이 아스따 말라가

- 지금 우리가 이 지도에서 어디에 있습니까?
  ¿Dónde estamos ahora en este mapa?
  돈데 에스따모스 아오라 엔 에스떼 마빠

- 이 국도는 일방통행입니까?
  ¿Esta carretera es de la dirección única?
  에스따 까레떼라 에스 델 라 디렉씨온 우니까

- 주유소가 어디 있습니까?
  ¿Dónde está la gasolinera?
  돈데 에스딸 라 가솔리네라

- 길을 잃었습니다.
  Me he perdido.
  메 에 뻬르디도

- 공중전화가 있습니까?
  ¿Hay un teléfono público?
  아이 운 뗄레포노 뿌블리꼬

- 어디에 주차할 수 있습니까?
  ¿Dónde puedo aparcar?
  돈데 뿌에도 아빠르까르

- 제 차가 고장났습니다.
  Mi coche está averiado.
  미 꼬체 에스따 아베리아도

- 교통사고를 당했습니다.
  Me encuentro en un accidente de tráfico.
  메 엔꾸엔뜨로 엔 운 악씨덴떼 데 뜨라피꼬

- 경찰을 불러 주세요.
  Llame a la policía, por favor.
  야메 알 라 뽈리씨아 뽀르 파보르

교통수단

어 휘

국도	la carretera	라 까레떼라
킬로미터	kilómetro	낄로메뜨로
지도	el mapa	엘 마빠
일방통행	la dirección única	라 디렉씨온 우니까
주차하다	aparcar	아빠르까르
교통사고	el accidente de tráfico	엘 악씨덴떼 데 뜨라피꼬
경찰	la policía	라 뽈리씨아
경찰관	el policía	엘 뽈리씨아

❾ 주유소에서
En la gasolinera

유용한 표현

- 이 근처에 주유소가 있습니까?
  ¿Hay estación de servicio por aquí?
  아이 에스따씨온 데 세르비씨오 뽀르 아끼

- 이 차는 휘발유를 넣어야 합니다.
  Este coche necesita gasolina.
  에스떼 꼬체 네쎄씨따 가솔리나

- 연료탱크가 비어있습니다.
  El tanque está vacío.
  엘 땅께 에스따 바씨오

- 연료탱크를 가득 채워주세요.
  Llene el tanque, por favor.
  예네 엘 땅께 뽀르 파보르

- 30유로 어치 휘발유를 넣어주세요.
  Treinta euros de gasolina, por favor.
  뜨레인따 에우로스 데 가솔리나 뽀르 파보르

- 휘발유 20리터를 넣어주세요.
  Veinte litros de gasolina, por favor.
  베인떼 리뜨로스 데 가솔리나 뽀르 파보르

■ 제 차를 점검해 주시겠습니까?

¿Puede revisar mi coche?
뿌에데 레비사르 미 꼬체

■ 엔진오일을 체크해 주시겠습니까?

¿Puede revisar el aceite de motor?
뿌에데 레비싸르 엘 아쎄이떼 데 모또르

■ 차를 점검하는 데 얼마나 걸립니까?

¿Cuánto tiempo se tarda en revisar el coche?
꾸안또 띠엠뽀 세 따르다 엔 레비사르 엘 꼬체

 어 휘

· 주유소	la estación de servicio	라 에스따씨온 데 세르비씨오
· 주유소	la gasolinera	라 가솔리네라
· 휘발유	la gasolina	라 가솔리나
· 연료통	el tanque	엘 땅께
· 가득 채우다	llenar	예나르
· 정비	revisión	레비씨온
· 엔진오일	el aceite de motor	엘 아쎄이떼 데 모또르
· 타이어	el neumático	엘 네우마띠꼬
· 예비 타이어	neumático de repuesto	네우마띠꼬 데 레뿌에스또
· 브레이크	el freno	엘 프레노
· 주차장	el aparcamiento	엘 아빠르까미엔또

Diálogo — 실용회화

- 직 원 : ¿Cuántos litros pongo?
  꾸안또스 리뜨로스 뽕고
- 여행자 : Ponga treinta litros.
  뽕가 뜨레인따 리뜨로스

- 직 원 : ¿Quiere apagar la pipa, por favor?
  끼에레 아빠가를 라 삐빠 뽀르 파보르
- 여행자 : Perdone.
  뻬르도네

- 직 원 : El tanque ya está lleno.
  엘 땅께 야 에스따 예노
- 여행자 : ¿Quiere mirar cómo está el aceite?
  끼에레 미라르 꼬모 에스따 엘 아쎄이떼

- 직 원 : Desde luego. Por ahora está bien.
  데스델 루에고 뽀르 아오라 에스따 비엔

- 직 원 : 몇 리터를 넣을까요?
  여행자 : 30리터 넣어주세요.

- 직 원 : 파이프 불 좀 꺼주시겠습니까?
  여행자 : 미안합니다.

- 직 원 : 연료통이 가득 찼습니다.
  여행자 : 오일 상태가 어떤지 봐주시겠습니까?

- 직 원 : 물론입니다. 현재로서는 상태가 좋습니다.

에티켓

교통신호

마드리드는 신호를 위반하는 사람들이 많지만 안전을 위해 교통신호와 질서를 잘 지키고, 가능한 한 상대방에게 양보한다. 스페인 사람들은 평소에는 느긋하고 평온하게 생활하지만 운전은 좀 성급하게 하기 때문에 조심해야 한다.

❿ 선 박
Barco

유용한 표현

- 유람선 야간관광이 있습니까?
  ¿Hay excursión nocturna en barco?
  아이 엑스꾸르시온 녹뚜르나 엔 바르꼬

- 어떤 종류의 유람선 여행이 있습니까?
  ¿Qué clase de excursión en barco hay?
  께 끌라세 데 엑스꾸르시온 엔 바르꼬 아이

- 매표소가 어디에 있습니까?
  ¿Dónde está la taquilla?
  돈데 에스딸 라 따낄야

- 다음 배는 몇 시에 출발합니까?
  ¿A qué hora sale el siguiente barco?
  아 께 오라 살레 엘 씨기엔떼 바르꼬

- 시간표는 어디에 있습니까?
  ¿Dónde está el horario?
  돈데 에스따 엘 오라리오

- 마요르카까지 선실을 예약하고 싶습니다.
  Quiero reservar un camarote a Mallorca.
  끼에로 레세르바르 운 까마로떼 아 마요르까

- 식사가 포함되어 있습니까?
  ¿Están incluidas las comidas?
  에스딴 인끌루이다스 라스 꼬미다스

- 왕복하는 데 시간이 얼마나 걸립니까?
  ¿Cuánto tiempo se tarda por ida y vuelta?
  꾸안또 띠엠뽀 세 따르다 뽀르 이다 이 부엘따

- 성인표 두 장 주세요.
  Dos billetes de adulto, por favor.
  도스 빌예떼스 데 아둘또 뽀르 파보르

- 갑판좌석을 예약하고 싶습니다.
  Quiero reservar una silla en cubierta.
  끼에로 레세르바르 우나 씰야 엔 꾸비에르따

- 배멀미가 몹시 심합니다.
  Siento un mareo muy fuerte.
  씨엔또 운 마레오 무이 푸에르떼

어휘

여객선	el barco	엘 바르꼬
항구	el puerto	엘 뿌에르또
선창	el muelle	엘 무엘예
승선하다	embarcar	엠바르까르
기항지	el puerto de escala	엘 뿌에르또 데 에스깔라
승선권	el billete de embarque	엘 빌예떼 데 엠바르께
선장	el capitán	엘 까삐딴
선실	el camarote	엘 까마로떼
1인 선실	camarote individual	까마로떼 인디비두알
2인 선실	camarote doble	까마로떼 도블레
4인 선실	camarote para cuatro	까마로떼 빠라 꾸아뜨로
구명자켓	el chaleco salvavidas	엘 찰레꼬 살바비다스
구명보트	la lancha salvavidas	라 란차 살바비다스
갑판	la cubierta	라 꾸비에르따

교통수단

명소 · 볼거리

◐ 데스깔사스 수도원 Monasterio de las Descalzas Reales

그란비아와 뿌에르따 델 솔 사이의 작은 골목 안의 숨은 듯 자리잡은 조용하고 우아한 수도원이다. 1559년에 세워진 것으로 루벤스의 작품을 바탕으로 제작한 아름다운 태피스트리가 유명하다. 수도원의 내부는 16세기 그대로를 재현해 내 사치스러운 왕족들의 삶을 느낄 수 있다.

〈입장 시간〉
- · 화요일~토요일   10:30~12:30 / 16:00~17:30
- · 일요일   11:30~13:30
- · 휴관   월요일 · 금요일 저녁

■ 마드리드의 지하철 노선도

전화 · 우편

1. 국내전화
2. 국제전화
3. 우체국에서

❶ 국내전화
Llamada doméstica

유용한 표현

- 공중전화가 어디 있습니까?
  ¿Dónde está el teléfono público?
  돈데 에스따 엘 뗄레포노 뿌블리꼬

- 전화를 사용할 수 있습니까?
  ¿Puedo usar el teléfono?
  뿌에도 우싸르 엘 뗄레포노

- 동전을 몇 개 넣어야 하나요?
  ¿Cuántos monedas tengo que poner?
  꾸안또스 모네다스 뗑고 께 뽀네르

- 수미가 전화했다고 전해주세요.
  Dígale que le ha llamado Sumi.
  디갈레 껠 레 아 야마도 수미

- 제 번호는 352-4782입니다.
  Mi número es el 352-4782.
  미 누메로 에스 엘 뜨레스 씽꼬 도스 꾸아뜨로 씨에떼 오초 도스

- 미안합니다. 제가 번호를 착각했습니다.
  Lo siento, me he equivocado.
  로 씨엔또 메 에 에끼보까도

- 로뻬스 씨 댁입니까?
  ¿Es la casa del señor López?
  에슬 라 까사 델 세뇨르 로뻬스

- 로뻬스 씨와 통화할 수 있습니까?
  ¿Podría hablar con el señor López?
  뽀드리아 아블라르 꼰 엘 세뇨르 로뻬스

- 누구십니까?
  ¿Quién habla?
  끼엔 아블라

- 한국에서 온 이인수입니다.
  Aquí habla Insu Lee de Corea.
  아끼 아블라 인수 리 데 꼬레아

- 메시지를 남기고 싶습니다.
  Quiero dejar un recado.
  끼에로 데하르 운 레까도

- 나중에 전화하겠습니다.
  Llamaré más tarde.
  야마레 마스 따르데

전화·우편

어휘

· 통화	la llamada	라 야마다
· 공중전화	el teléfono público	엘 뗄레포노 뿌블리꼬
· 전화번호	el número de teléfono	엘 누메로 데 뗄레포노
· 메시지	el mensaje / el recado	엘 멘사헤 / 엘 레까도
· 공중전화박스	la cabina telefónica	라 까비나 뗄레포니까
· 시내통화	la llamada urbana	라 야마다 우르바나
· 긴급통화	la llamada de emergencia	라 야마다 데 에메르헨씨아
· 내선통화	la llamada de extensión	라 야마다 데 엑스뗀시온
· 전화번호부	la guía telefónica	라 기아 뗄레포니까
· 전화카드	la tarjeta telefónica	라 따르헤따 뗄레포니까
· 지명통화	la llamada de persona a persona	라 야마다 데 뻬르소나 아 뻬르소나

실용회화

- 교환 : Información. Dígame.
  인포르마씨온 디가메
  인호 : ¿Quisiera hacer una llamada a Madrid.
  끼씨에라 아쎄르 우나 야마다 아 마드릿

- 교환 : ¿Qué número quiere?
  께 누메로 끼에레
  인호 : El 22-66-36-58.
  엘 베인띠도스 세센따이세이스 뜨레인따이세이스 씽꾸엔따이오초

- 교환 : Marque primero el número 91 y a continuación el número que ha dicho.
  마르께 쁘리메로 엘 누메로 노벤따이우노 이 아 꼰띠누아씨온 엘 누메로 께 아 디초
  인호 : Gracias.
  그라씨아스

 에티켓

공중전화를 사용할 경우 스페인 사람들은 대부분 통화를 길게 하므로 인내와 끈기를 가지고 기다려야 한다. "통화는 짧게 합시다"라는 식으로 말해서는 안 된다.

- 교 환 : 안내입니다. 말씀하세요.
  인 호 : 마드리드에 전화를 하려고 합니다.

- 교 환 : 어떤 번호로 전화하시겠습니까?
  인 호 : 22-66-36-58입니다.

- 교 환 : 먼저 91을 누르시고 계속해서 말씀하신 번호를 누르세요.
  인 호 : 감사합니다.

공중전화에 대하여

스페인에는 동전, 카드 전화기가 많이 보급되어 어디서나 쉽게 찾을 수 있으며 이용하기 편리하다. 시내공중전화는 0.50유로 동전을 넣으면 통화할 수 있다. 상대방의 휴대폰으로 전화를 거는 경우는 약간의 차이가 있을 수 있지만 보통 1.50~2유로 정도를 넣으면 된다. 다른 도시로 시외전화를 할 경우에도 역시 거리에 따라 약간의 차이는 있지만 2유로 이상 넣어야 한다.

국제전화를 하는 경우에는 동전을 사용하는 것보다 전화카드를 구입해서 사용하는 것이 훨씬 편리하다. 전화카드는 20유로, 40유로, 50유로 짜리가 있는데 에스땅꼬(estanco : 담배, 잡지, 신문 등을 파는 가게)나 끼오스꼬(quiosco : 거리의 신문 가판대)에서 쉽게 구할 수 있다.

❷ 국제전화
Llamada internacional

🔊 유용한 표현

- 한국으로 전화를 하려고 합니다.
  Quiero llamar a Corea.
  끼에로 야마르 아 꼬레아

- 한국으로 국제통화를 부탁합니다.
  Una conferencia internacional a Corea, por favor.
  우나 꼰페렌씨아 인떼르나씨오날 아 꼬레아 뽀르 파보르

- 콜렉트콜을 부탁합니다.
  Una llamada a cobro revertido, por favor.
  우나 야마다 아 꼬브로 레베르띠도 뽀르 파보르

- 한국어를 할 줄 아는 사람과 말하고 싶습니다.
  Con alguien que hable coreano, por favor.
  꼰 알기엔 께 아블레 꼬레아노 뽀르 파보르

- 전화가 끊겼습니다.
  La llamada se ha cortado.
  라 야마다 세 아 꼬르따도

- 이 통화는 수신자부담으로 해주세요.
  Póngame esta llamada a cobro revertido.
  뽕가메 에스따 야마다 아 꼬브로 레베르띠도

- 통화중입니다.
  Está ocupada.
  에스따 오꾸빠다

- 아무도 전화를 받지 않습니다.
  Nadie contesta.
  나디에 꼰떼스따

- 마드리드의 지역번호가 몇 번입니까?
  ¿Qué es el prefijo territorial de Madrid?
  께 에스 엘 쁘레피호 떼리또리알 데 마드리드

- 505호실의 김선생님과 통화하고 싶습니다.
  Quiero hablar con el señor Kim, la habitación 505, por favor.
  끼에로 아블라르 꼰 엘 세뇨르 낌 라 아비따씨온
  씽꼬 세로 씽꼬 뽀르 파보르

전화·우편

어휘

국제전화	llamada internacional	야마다 인떼르나씨오날
콜렉트콜	llamada a cobro revertido	야마다 아 꼬브로 레베르띠도
장거리전화	la conferencia interurbana	라 꼰페렌시아 인떼루르바나
수화기	el aparato receptor	엘 아빠라또 레셉또르
지역번호	el prefijo territorial	엘 쁘레피호 떼리또리알
국가번호	el número del país	엘 누메로 델 빠이스
교환수	el(la) telefonista	엘(라) 뗄레포니스따

 실용회화

- 인호 : Quiero poner una conferencia directa a Corea.
  끼에로 뽀네르 우나 꼰페렌시아 디렉따 아 꼬레아

  교환 : ¿A qué parte de Corea?
  아 께 빠르떼 데 꼬레아

- 인호 : Seúl. El prefijo territorial es 02.
  세울 엘 쁘레피호 떼리또리알 에스 쎄로도스

  교환 : ¿Cuál es el número?
  꾸알 에스 엘 누메로

- 인호 : El 319-2836.
  엘 뜨레스 디에시누에베 베인띠오초 뜨레인따이세이스

  교환 : No cuelgue, por favor. Está ocupada.
  노 꾸엘게 뽀르 파보르 에스따 오꾸빠다

- 인호 : ¿Puede probar otra vez?
  뿌에데 쁘로바르 오뜨라 베스

  교환 : Sí, señor. Ya se han puesto al teléfono. Adelante, por favor.
  씨 세뇨르 야 세 안 뿌에스또 알 뗄레포노 아델란떼 뽀르 파보르

- 인호 : Gracias.
  그라씨아스

에티켓

토요일이나 일요일 오전 11시 이전에는 상대방의 집에 전화하지 않는 것이 좋다. 주말 단잠을 자거나 휴식에 방해가 될 수 있기 때문이다.

- 인 호 : 한국으로 직접 통화를 하고자 합니다.
  교 환 : 한국 어디를 원하십니까?

- 인 호 : 서울입니다. 지역번호는 02입니다.
  교 환 : 전화번호가 어떻게 됩니까?

- 인 호 : 319-2836입니다.
  교 환 : 끊지 마세요. 통화중입니다.

- 인 호 : 다시 한 번 시도해 주시겠어요?
  교 환 : 네. 이제 연결되었습니다. 말씀하세요.

- 인 호 : 감사합니다.

스페인에서 한국으로 전화하는 방법

호텔방에서 한국으로 전화를 하려면 〈0 또는 9(외부전화 접속, 호텔마다 확인 필요)-07-82-(0을 뺀) 지역번호-전화번호〉를 눌러야 한다. 예를 들어 서울의 391-3315로 전화를 하려면 〈0 (또는 9)-07-82-2-391-3315〉를 눌러야 한다. 그리고 국제전화가 가능한 공중전화에서는 외부 접속번호인 0이나 9를 제외한 나머지 번호 〈07-82-2-391-3315〉를 눌러야 한다. 스페인의 전화요금은 매우 비싸기 때문에 전화할 때는 전화비를 고려해서 한다.

✤ 한국 교환원 직통 번호	900-990-822
✤ 주 스페인 한국 대사관	34-91-353-2000
✤ 주한 스페인 대사관	02-793-5703

❸ 우체국에서
En la oficina de Correos

유용한 표현

- 우체국이 어디에 있습니까?
  ¿Dónde está la oficina de correos?
  돈데 에스딸 라 오피씨나 데 꼬레오스

- 어디서 우표를 살 수 있습니까?
  ¿Dónde puedo comprar los sellos?
  돈데 뿌에도 꼼쁘라를 로스 셀요스

- 90센띠모짜리 우표 두 장 주세요.
  Dos sellos de 90 céntimos.
  도스 셀요스 데 노벤따 쎈띠모스

- 이 편지를 항공편으로 보내고 싶습니다.
  Quiero mandar esta carta por avión.
  끼에로 만다르 에스따 까르따 뽀르 아비온

- 이 편지를 등기로 보내고 싶습니다.
  Quiero mandar esta carta por correo certificado.
  끼에로 만다르 에스따 까르따 뽀르 꼬레오 쎄르띠피까도

- 이 소포를 항공편으로 한국으로 보내고 싶습니다.
  Quiero mandar este paquete a Corea por avión.
  끼에로 만다르 에스떼 빠께떼 아 꼬레아 뽀르 아비온

■ 요금이 얼마입니까?
¿Cuánto cuesta?
꾸안또 꾸에스따

■ 한국에 도착하는 데 얼마나 걸립니까?
¿Cuánto tiempo se tarda en llegar a Corea?
꾸안또 띠엠뽀 세 따르다 엔 예가르 아 꼬레아

 어 휘

· 우표	el sello	엘 셰요
· 편지	la carta	라 까르따
· 봉투	el sobre	엘 소브레
· 엽서	la tarjeta postal	라 따르헤따 뽀스딸
· 항공서간	el aerograma	엘 아에로그라마
· 소포	el paquete postal	엘 빠께떼 뽀스딸
· 등기우편	el correo certificado	엘 꼬레오 세르띠피까도
· 항공편	por avión	뽀르 아비온
· 선박편	por barco	뽀르 바르꼬
· 우체통	el buzón	엘 부쏜
· 주소	la dirección	라 디렉씨온
· 발송인	el remitente	엘 레미뗀떼
· 수신인	el destinatario	엘 데스띠나따리오
· 속달우편	correo urgente	꼬레오 우르헨떼
· 반송	el reenvío	엘 렌비오

명소·볼거리

◯ 알칼라 문 Puerta de Alcalá

독립 광장에 세워져 있는 이 문은 1769년에 세워진 마드리드에서 가장 인상적이고 우아한 오래된 건축물 중의 하나이다. 이 문은 원래 아라곤으로 통하는 옛 성문이었다. 마드리드의 영광을 보이기 위해 개선문 모양으로 건물을 세우라는 까를로스 3세의 명령에 따라 로마의 카피톨리니를 모방하여 12개의 기둥이 떠받치는 5개의 아치로 이루어진 웅장한 성문의 모습으로 변모하였다. 이와 관련하여 "마시면 마실수록 문은 아름답게 된다"라는 말이 있는데, 그것은 당시 광장과 문을 만드는 비용을 포도주에 세금을 매겨 조달한 것에 대해 시민들이 야유하던 말이다. 이 문에는 군데군데 총탄 흔적이 보이는데 이것은 스페인 내란 중에 생겨난 것이다. 독립 광장을 독립 광장(Plaza de Independencia)이라 부르는 이유는 1813년 나폴레옹 군대가 패하여 물러나고 페르난도 7세가 왕정 복고를 했기 때문이다.

우체국

우체국은 correos라고 하며 우표만 필요한 경우에는 에스땅꼬에서도 살 수 있다. 우체국의 영업시간은 월요일에서 금요일까지는 **09:00-14:00**, 토요일에는 **09:00-13:00**이며, 시벨레스 광장에 있는 중앙우체국은 오후 6시까지 문을 연다. 한국으로의 항공우편요금은 약 1유로이며, 편지와 엽서의 요금이 비슷하다. 거리에 있는 노란 우체통(**buzón**)을 찾아 국제(**Provincia y extranjero**) 투입구에 편지나 엽서를 넣어도 된다.

긴급상황

1. 도움 요청
2. 분실·도난(경찰서에서)
3. 병원에서
4. 약국에서
5. 거리에서
6. 교통사고

긴급상황
Emergencia

해외여행을 하는 도중에 물건 또는 증명서를 분실하거나 예상치 못한 사고를 당하거나 갑자기 질병에 걸리는 경우가 있을 수 있다. 낯선 곳에서 약을 구입하는 것은 쉬운 일이 아니므로 일반 상비약 정도는 미리 준비해 가는 것이 좋다. 사고를 당했을 경우에는 가장 먼저 대사관이나 영사관에 전화를 해야 한다. 따라서 이러한 해외주재 공관원의 주소를 알아둔다. 그러나 휴일이나 야간에는 도움을 받을 수 없다. 따라서 여행지에 있는 한인업소의 주소와 전화번호를 준비해두면 도움을 받을 수 있어 편리하다.

또한 여권, 여행자 수표, 그리고 비행기표 등은 분실의 경우를 대비하여 복사본을 준비해두는 것이 필요하다. 해외 여행 중 가장 빈번하게 발생하는 사고가 여권 분실이다. 여권을 발급 받을 수 있는 곳은 해외주재 대사관이나 영사관이고, 여권이 없으면 더 이상 여행이 불가능하므로 대사관이나 영사관에 가서 발급받아야 한다.

재외공관의 여권 재발급

▶ **공통 구비서류**
여권발급신청서
여권용 사진 2매
여권 및 여권사본 1부(분실 재발급시 제외)

▶ **분실재발급 추가 서류**
분실사유서
분실신고확인서
공관 영사에게 신고시 : 담당 영사가 발행
현지 경찰서에 신고시 : 관할 경찰서 발행

▶ **훼손 재발급 추가 서류**
훼손사유서

▶ **만재(사증란 부족) 재발급 추가서류**
사유서

▶ **기타(성명, 생년월일, 주민등록번호) 재발급 추가서류**
변경 또는 정정사유서
증빙서류(호적등본 등)

① 도움 요청
Gritar a socorro

유용한 표현

- 도와주세요!
  ¡Socorro! / ¡Ayúdame!
  소꼬로 / 아유다메

- 경찰!
  ¡Policía!
  뽈리씨아

- 급합니다!
  ¡Es urgente!
  에스 우르헨떼

- 긴급합니다!
  ¡Es emergencia!
  에스 에메르헨씨아

- 여기서 나가!
  ¡Fuera!
  푸에라

- 조심하세요!
  ¡Cuidado!
  꾸이다도

- 그것을 돌려주세요.
  Devuélvemelo.
  데부엘베멜로

- 문을 여세요!
  ¡Abra la puerta!
  아브랄 라 뿌에르따

- 몸이 아파요.
  Me siento mal.
  메 시엔또 말

- 경찰을 부르세요!
  ¡Llame a la policía!
  야메 알 라 뽈리씨아

- 의사를 불러주세요!
  ¡Llame a un médico, por favor!
  야메 아 운 메디꼬 뽀르 파보르

- 한국대사관에 연락해주세요.
  Llame a la Embajada de Corea.
  야메 알 라 엠바하다 데 꼬레아

- 부탁드릴 수 있을까요?
  ¿Puedo pedirle un favor?
  뿌에도 뻬디를레 운 파보르

- 내 차가 고장났습니다.
  Mi coche está averiado.
  미 꼬체 에스따 아베리아도

- 견인차를 보내주세요.
  Mándeme una grúa remolque.
  만데메 우나 그루아 레몰께

- 휘발유가 떨어졌습니다.
  Me falta la gasolina.
  메 팔딸 라 가솔리나

- 새치기하지 말아요!
  ¡No meta en la cola!
  노 메따 엔 라 꼴라

긴급상황

❷ 분실 · 도난 / 경찰서에서 1
Pérdida-Robo / En la comisaría 1

유용한 표현

- 여권을 분실했습니다.
  Se me ha perdido el pasaporte.
  세 메 아 뻬르디도 엘 빠사뽀르떼

- 분실물센터는 어디에 있습니까?
  ¿Dónde está la oficina de objetos perdidos?
  돈데 에스딸 라 오피씨나 데 오브헤또스 뻬르디도스

- 여행자수표를 분실했습니다.
  He perdido los cheques de viaje.
  에 뻬르디돌 로스 체께스 데 비아헤

- 카메라를 도난당했습니다.
  Me robaron la cámara.
  메 로바론 라 까마라

- 가방을 도난당했습니다.
  Me han robado el bolso.
  메 안 로바도 엘 볼소

- 가방 안에는 여권, 서류, 돈이 들어있습니다.
  Hay pasaporte, documentos, dinero en el bolso.
  아이 빠사뽀르떼 도꾸멘또스 디네로 엔 엘 볼소

- 가방을 택시에 두고 내렸습니다.

 He dejado el bolso en el taxi.
 에 데하도 엘 볼소 엔 엘 딱시

- 경찰을 불러주세요.

 Llame a un policía, por favor.
 야메 아 운 뽈리씨아 뽀르 파보르

- 한국대사관에 연락해 주시겠습니까?

 ¿Pueden llamar a la Embajada de Corea?
 뿌에덴 야마르 알 라 엠바하다 데 꼬레아

- 한국어 하는 사람을 불러주세요.

 Llame a alguien que hable coreano, por favor.
 야메 아 알기엔 께 아블레 꼬레아노 뽀르 파보르

- 이 근처에 경찰서가 어디 있습니까?

 ¿Dónde está la comisaría cerca de aquí?
 돈데 에스딸 라 꼬미사리아 쎄르까 데 아끼

- 사고증명서를 만들어주세요.

 Hágame un certificado de accidente, por favor.
 아가메 운 쎄르띠피까도 데 악씨덴떼 뽀르 파보르

- 신용카드를 분실했습니다.

 He perdido mi tarjeta de crédito.
 에 뻬르디도 미 따르헤따 데 끄레디또

긴급상황

❷ 분실 · 도난 / 경찰서에서 2
Pérdida-Robo / En la comisaría 2

유용한 표현

- 카드번호는 1234-5678입니다.

  El número de tarjeta es el 1234-5678.
  엘 누메로 데 따르헤따 에스 엘
  우노-도스-뜨레스-꾸아뜨로 씽꼬-쎄이스-씨에떼-오초

- 제 카드를 중지시켜 주세요.

  Anule la tarjeta, por favor.
  아눌렐 라 따르헤따 뽀르 파보르

- 다시 받을 수 있습니까?

  ¿Puedo expedirla de nuevo?
  뿌에도 엑스뻬디를라 데 누에보

- 어디서 그것을 다시 발급받을 수 있습니까?

  ¿Dónde me los reexpiden?
  돈데 멜 로스 렉스뻬덴

어휘

경찰관	el agente de policía	엘 아헨떼 데 뽈리씨아
파출소	el puesto de policía	엘 뿌에스또 데 뽈리씨아
경찰서	la comisaría	라 꼬미사리아
도둑	el ladrón	엘 라드론
강도	el bandido	엘 반디도
소매치기	el ratero	엘 라떼로
신고	la declaración	라 데끌라라씨온
순찰차	el coche patrulla de policía	엘 꼬체 빠뜨룰야 데 뽈리씨아
한국대사관	la Embajada de Corea	라 엠바하다 데 꼬레아
한국영사관	el Consulado de Corea	엘 꼰술라도 데 꼬레아
여권	el pasaporte	엘 빠사뽀르떼
분실물센터	la oficina de objetos perdidos	라 오피씨나 데 오브헤또스 뻬르디도스
여행자 수표	el cheque de viaje	엘 체께 데 비아헤
가방	el bolso	엘 볼소
지갑	cartera / billetera	까르떼라 / 빌예떼라
서류	documento	도꾸멘또
재발행	expedición de nuevo	엑스뻬디씨온 데 누에보

긴급상황

Diálogo

 실용회화

- 여행자 : **Me han robado el bolso. Es un bolso blanco.**
  메 안 로바도 엘 볼소. 에스 운 볼소 블랑꼬
- 경 찰 : **¿Qué había dentro?**
  께 아비아 덴뜨로

- 여행자 : **Una cartera y una cámara.**
  우나 까르떼라 이 우나 까마라
- 경 찰 : **¿Cuánto tenía en su cartera?**
  꾸안또 떼니아 엔 수 까르떼라

- 여행자 : **Unos 3.000 dólares y las tarjetas de crédito.**
  우노스 뜨레스 밀 돌라레스 이 라스 따르헤따스 데 끄레디또
- 경 찰 : **Rellene este documento. Es mejor que avise a la compañía de las tarjetas de crédito.**
  레예네 에스떼 도꾸멘또 에스 메호르 께 아비세
  알 라 꼼빠니아 데 라스 따르헤따스 데 끄레디또

- 여행자 : **Sí, lo haré.**
  씨 로 아레

- 여행자 : 가방을 도난당했습니다. 하얀색 가방입니다.
  경 찰 : 안에 무엇이 들어있습니까?

- 여행자 : 지갑과 카메라가 들어있습니다.
  경 찰 : 지갑에는 얼마나 있습니까?

- 여행자 : 약 3,000달러와 신용카드가 있습니다.
  경 찰 : 이 서류를 작성해주세요. 그리고 신용카드회사에 알리는 것이 좋겠습니다.

- 여행자 : 네, 그렇게 하겠습니다.

여권을 분실한 경우

어느 곳이나 관광객이 많이 몰려드는 곳에서는 소매치기도 많아서 금품이나 여권 등을 분실하는 경우가 허다하다. 이럴 경우를 대비하여 몇 가지 주의사항과 대처 방법을 알아두어야 한다. 여행을 하기 전에 모든 신분증들은 한국에 남겨두고 여권만 가지고 나오는데 꼭 복사본을 따로 보관하고 한국에도 한 부 남겨두는 것이 좋다. 신용카드의 경우도 마찬가지로 번호를 적어놓아 분실시 바로 정지 신고를 할 수 있도록 준비해 두어야 한다. 대사관은 월~금요일까지 오전에만 분실 업무를 보고 있다. 여권 재발급 신청에 필요한 서류는 경찰서에서 신고를 한 후 만들어주는 분실 증명서, 여권 사진 2장, 여권의 복사본(혹은 여권 번호, 만기일, 발급일), 대사관에 비치된 양식 등이다. 결국 여행 출발 전에 사진과 복사본을 준비하는 것이 필요하다. 여권 발급에는 약 2~3일이 소요되나 주말에는 업무를 보지 않기 때문에 시간이 더 소요된다.

❸ 병원에서 1
En la clínica 1

 유용한 표현

- 몸이 좋지 않아요.
  Me siento mal.
  메 시엔또 말

- 감기에 걸렸습니다.
  Estoy resfriado.
  에스또이 레스프리아도

- 기침을 합니다.
  Tengo tos.
  뗑고 또스

- 열이 있어요.
  Tengo fiebre.
  뗑고 피에브레

- 오한이 있습니다.
  Siento escalofrío.
  시엔또 에스깔로프리오

- 두통이 있어요.
  Tengo dolor de cabeza.
  뗑고 돌로르 데 까베싸

- 여기에 통증이 있습니다.
  Me duele aquí.
  메 두엘레 아끼

- 구급차를 불러주세요.
  Llame una ambulancia, por favor.
  야메 우나 암불란씨아 뽀르 파보르

- 의사를 불러 주세요.
  Lláme un médico, por favor.
  야메 운 메디꼬 뽀르 파보르

- 저를 병원에 데려다 주세요.
  Lléveme al hospital, por favor.
  예베메 알 오스삐딸 뽀르 파보르

- 혈액형이 어떻게 되세요?
  ¿Cuál es tu tipo saguíneo?
  꾸알 에스 뚜 띠뽀 상기네오

- 입원해야 합니까?
  ¿Tengo que hospitalizarme?
  뗑고 께 오스삐딸리싸르메

- 다 나으려면 얼마나 걸릴까요?
  ¿Cuánto tiempo tardaré en curarme?
  꾸안또 띠엠뽀 따르다레 엔 꾸라르메

- 지병이 있습니다.
  Tengo una enfermedad crónica.
  뗑고 우나 엔페르메닷 끄로니까

긴급상황

❸ 병원에서 2
En la clínica 2

 유용한 표현

- 입을 벌리세요.
  Abra la boca.
  아브랄 라 보까

- 혀를 내밀어보세요.
  Saque la lengua.
  사껠 라 렌구아

- 숨을 깊게 쉬세요.
  Respire profundamente.
  레스삐레 쁘로푼다멘떼

- 처방전을 써주실 수 있습니까?
  ¿Puede darme una receta?
  뿌에데 다르메 우나 레쎄따

- 주사를 놓아드리겠습니다.
  Le voy a poner una inyección.
  레 보이 아 뽀네르 우나 인옉씨온

- 항생제를 처방해드리겠습니다.
  Le voy a recetar un antibiótico.
  레 보이 아 레쎄따르 운 안띠비오띠꼬

- 페니실린 알레르기가 있습니까?
  ¿Es usted alérgico a la penisilina?
  에스 우스뗏 알레르히꼬 알 라 뻬니실리나

어휘

한국어	스페인어	발음
진료실	el consultorio	엘 꼰술또리오
구급차	la ambulancia	라 암불란씨아
의사	el médico	엘 메디꼬
진료	la consulta	라 꼰술따
처방	la receta	라 레쎄따
내과의사	el(la) internista	엘(라) 인떼르니스따
외과의사	el(la) cirujano(a)	엘(라) 씨루하노(나)
치과의사	el(la) dentista	엘(라) 덴띠스따
간호사	la enfermera	라 엔페르메라
주사	la inyección	라 인옉씨온
약	la medicina	라 메디씨나
수술	la operación	라 오뻬라씨온
혈압	la presión arterial	라 쁘레시온 아르떼리알
맥박	el pulso	엘 뿔소
혈액형	el tipo sanguíneo	엘 띠뽀 상기네오
체온	la temperatura del cuerpo	라 뗌뻬라뚜라 델 꾸에르뽀
폐	el pulmón	엘 뿔몬
간	el hígado	엘 이가도
위	el estómago	엘 에스또마고
소변	la orina	라 오리나
대변	las heces	라스 에쎄스

긴급상황

Diálogo

실용회화

- 여행자 : **Buenos días, doctor.**
  부에노스 디아스 독또르
- 의 사 : **Buenos días. ¿Qué tiene usted?**
  부에노스 디아스 께 띠에네 우스뗏

- 여행자 : **Me siento mal. Tengo dolor de cabeza.**
  메 시엔또 말 뗑고 돌로르 데 까베싸
- 의 사 : **¿Tiene dolor de garganta también?**
  띠에네 돌로르 데 가르간따 땀비엔

- 여행자 : **Sí, tengo dolor de garganta.**
  씨 뗑고 돌로르 데 가르간따
- 의 사 : **Y, ¿tiene frío?**
  이 띠에네 프리오

- 여행자 : **Sí, tengo mucho frío, y tengo fiebre.**
  씨 뗑고 무초 프리오 이 뗑고 피에브레
- 의 사 : **Lleve usted esta receta a la farmacia, y quédese en cama unos días.**
  예베 우스뗏 에스따 레쎄따 알 라 파르마씨아
  이 께데세 엔 까마 우노스 디아스

- 여행자 : **Gracias, doctor.**
  그라씨아스 독또르

- 여행자 : 안녕하세요, 선생님.
  의　사 : 안녕하세요? 어디가 아프세요?

- 여행자 : 몸이 좋지 않아요. 머리가 아파요.
  의　사 : 목도 아픈가요?

- 여행자 : 네, 목도 아파요.
  의　사 : 그리고 춥습니까?

- 여행자 : 네, 너무 추워요. 그리고 열도 납니다.
  의　사 : 이 처방전을 약국으로 갖고 가세요.
  　　　　그리고 며칠동안 누워 계세요.

- 여행자 : 감사합니다. 선생님

병 명

· 폐렴	la pulmonía	라 뿔모니아
· 식중독	la intoxicación por la comida	라 인똑시까씨온 뽀르 라 꼬미다
· 맹장염	la apendicitis	라 아뻰디씨띠스
· 두드러기	la urticaria	라 우르띠까리아
· 고혈압	alta presión arterial	알따 쁘레씨온 아르떼리알

· 암	el cáncer	엘 깐세르
· 천식	el asma	엘 아스마
· 관절염	el artritis	엘 아르뜨리띠스
· 당뇨병	el diabetis	엘 디아베띠스
· 심장병	la enfermedad cardíaca	라 엔페르메닷 까르디아까

❹ 약국에서
En la farmacia

유용한 표현

- 약국은 어디에 있습니까?
  ¿Dónde está la farmacia?
  돈데 에스딸 라 파르마씨아

- 감기약을 주세요.
  Quiero una medicina para el catarro.
  끼에로 우나 메디씨나 빠라 엘 까따로

- 여기 처방이 있습니다.
  Aquí está mi receta.
  아끼 에스따 미 레쎄따

- 이 처방대로 약을 주세요.
  Déme las medicinas de esta receta.
  데멜 라스 메디씨나스 데 에스따 레쎄따

- 어떻게 복용합니까?
  ¿Cómo se toma?
  꼬모 세 또마

- 아스피린 좀 주세요.
  Las aspirinas, por favor.
  라스 아스삐리나스 뽀르 파보르

- 설사를 합니다.
  Tengo diarrea.
  뗑고 디아레아

- 감기에 걸렸습니다.
  Estoy resfriado.
  에스또이 레스프리아도

270

- 두통약을 주세요.
  Déme la medicina para el dolor de cabeza.
  데멜 라 메디씨나 빠라 엘 돌로르 데 까베싸

- 한번에 얼마나 먹어야 합니까?
  ¿Cuánto tengo que tomar por una vez?
  꾸안또 뗑고 께 또마르 뽀르 우나 베스

- 저는 알레르기가 있습니다.
  Soy propenso a la alergia.
  쏘이 쁘로뻰소 알 라 알레르히아

- 토할 것 같습니다.
  Siento ganas de vomitar.
  씨엔또 가나스 데 보미따르

- 소화불량에 먹는 약을 주세요.
  Déme medicina contra la indigestión.
  데메 메디씨나 꼰뜨랄 라 인디헤스띠온

긴급상황

어휘

약국	la farmacia	라 파르마씨아
약사	el(la) farmacéutico(a)	엘(라)파르마쎄우띠꼬(까)
약	la medicina	라 메디씨나
붕대	la venda	라 벤다
반창고	el esparadrapo	엘 에스빠라드라뽀
알레르기	la alergia	라 알레르히아
오한	el escalofrío	엘 에스깔로프리오
열	la fiebre	라 피에브레

실용회화

- 약 사 : ¿Qué desea?
  께 데세아

  여행자 : Quisiera unas aspirinas.
  끼씨에라 우나스 아스삐리나스

- 약 사 : Muy bien. ¿Necesita algo más?
  무이 비엔 네쎄씨따 알고 마스

  여행자 : Sí, quiero una medicina contra la tos.
  씨 끼에로 우나 메디씨나 꼰뜨라 라 또스

- 약 사 : Bien. Aquí tiene.
  비엔 아끼 띠에네

  여행자 : ¿Cuánto es?
  꾸안또 에스

- 약 사 : Son 7 euros.
  손 씨에떼 에우로스

약

아스피린	la aspirina	라 아스삐리나
항생제	el antibiótico	엘 안띠비오띠꼬
감기약	medicina contra el resfriado	메디씨나 꼰뜨라 엘 레스프리아도
기침약	medicina contra la tos	메디씨나 꼰뜨라 라 또스
위장약	medicina gastrointestinal	메디씨나 가스뜨로인떼스띠날
해열제	la antifebrina	라 안띠페브리나
진정제	el calmante	엘 깔만떼
수면제	las pastillas para dormir	라스 빠스띨야스 빠라 도르미르

- 약 사 : 무엇을 원하십니까?
  여행자 : 아스피린 좀 주세요.

- 약 사 : 네. 또 무엇이 필요합니까?
  여행자 : 네, 기침약을 주세요.

- 약 사 : 네, 여기 있습니다.
  여행자 : 얼마입니까?

- 약 사 : 7유로입니다.

깜짝센스

약국

우리나라와 마찬가지로 외국에서는 의사의 처방 없이는 약을 살 수 없다. 그러나 소화제, 아스피린 등과 같은 간단한 약은 의사의 처방 없이도 살 수 있다. 현지에서 구입할 수 있더라도 감기약, 소화제, 두통약 같은 상비약은 미리 준비해서 가지고 가는 것이 좋다.

에티켓

여행중에는 질서를 잘 지켜야 하며, 공공 장소에서는 거의 대부분 질서있게 순서를 기다리기 위해 번호표가 있다. 이 번호표는 기계에서 자동으로 배포된다.

❺ 거리에서
En la calle

유용한 표현

- 길을 잃었습니다.
  Me he perdido.
  메 에 뻬르디도

- 여기가 어디입니까?
  ¿Dónde estamos?
  돈데 에스따모스

- 걸어서 갈 수 있습니까?
  ¿Puedo ir a pie?
  뿌에도 이르 아 삐에

- 버스정류장이 어디 있습니까?
  ¿Dónde está la parada?
  돈데 에스딸 라 빠라다

- 가장 가까운 역이 어디 있습니까?
  ¿Dónde está la estación más cercana?
  돈데 에스딸 라 에스따씨온 마스 쎄르까나

- 이 버스는 스페인광장을 지나갑니까?
  ¿Pasa este autobús por la Plaza de España?
  빠사 에스떼 아우또부스 뽀르 라 쁠라싸 데 에스빠냐

- 이 지도에서 그것은 어디에 있습니까?
  ¿Dónde está en este mapa?
  돈데 에스따 엔 에스떼 마빠

- 오른쪽으로 가세요.
  Doble a la derecha.
  도블레 알 라 데레차

- 여기서 세워주세요.
  Pare aquí.
  빠레 아끼

- 저는 지금 시간이 없습니다.
  No tengo tiempo ahora.
  노 뗑고 띠엠뽀 아오라

- 저는 어머니를 기다리고 있습니다.
  Estoy esperando a mi madre.
  에스또이 에스뻬란도 아 미 마드레

- 저는 그녀와 약속이 있습니다.
  Tengo una cita con ella.
  뗑고 우나 씨따 꼰 엘야

긴급상황

어휘

· 걸어가다	ir a pie	이르 아 삐에
· 버스정류장	la parada	라 빠라다
· 역	la estación	라 에스따씨온
· 지도	el mapa	엘 마빠
· 오른쪽으로	a la derecha	알 라 데레차
· 왼쪽으로	a la izquierda	알 라 이스끼에르다
· 정지하다	parar	빠라르
· 약속	la cita	라 씨따

Diálogo — 실용회화

여행자: Oiga, ¿puede decirme dónde estoy?
오이가 뿌에데 데씨르메 돈데 에스또이

경 찰: ¿A dónde quiere ir, señorita?
아 돈데 끼에레 이르 세뇨리따

여행자: Quiero ir al Hotel Plaza.
끼에로 이르 알 오뗄 쁠라싸

경 찰: Pues, vaya usted todo derecho, y doble a la derecha.
뿌에스 바야 우스뗏 또도 데레초 이 도블레 알 라 데레차

여행자: ¿Está muy lejos?
에스따 무일 레호스

경 찰: No, no está muy lejos. ¿Tiene prisa?
노 노 에스따 무일 레호스 띠에네 쁘리사

여행자: Sí, tengo prisa.
씨 뗑고 쁘리사

경 찰: Pues, tome un taxi.
뿌에스 또메 운 딱시

여행자: Gracias.
그라씨아스

경 찰: De nada, señorita.
데 나다 세뇨리따

- 여행자 : 여보세요. 여기가 어디인지 말씀해주세요.
  경　찰 : 어디 가려고 하십니까? 아가씨.

- 여행자 : 저는 쁠라싸호텔에 가려고 합니다.
  경　찰 : 저… 똑바로 가셔서 오른쪽으로 돌아가세요.

- 여행자 : 아주 먼가요?
  경　찰 : 아니오, 그리 멀지는 않습니다. 급하십니까?

- 여행자 : 네, 급합니다.
  경　찰 : 그럼 택시를 타세요.

- 여행자 : 감사합니다.
  경　찰 : 천만에요, 아가씨.

 에티켓

스페인은 카톨릭 국가라는 점을 염두에 두고 성당을 방문할 때는 단정한 옷차림을 하고, 조용하고 엄숙한 분위기를 유지하여야 한다.

6 교통사고
Accidente de tráfico

 유용한 표현

- 사고를 당했습니다.
  He tenido un accidente.
  에 떼니도 운 악씨덴떼

- 다친 사람 있습니까?
  ¿Hay algún herido?
  아이 알군 에리도

- 부상자가 한 사람 있습니다.
  Hay un herido.
  아이 운 에리도

- 제 차가 다른 차와 충돌했습니다.
  Un coche chocó con el mío.
  운 꼬체 초꼬 꼰 엘 미오

- 보험에 가입되어 있습니다.
  Tengo un seguro.
  뗑고 운 세구로

- 제 잘못이 아닙니다.
  No es mi falta.
  노 에스 미 팔따

- 제가 차에 치었습니다.
  Me han pillado un coche.
  메 안 삘야도 운 꼬체

- 제 친구가 다쳤습니다.
  Mi amigo está herido.
  미 아미고 에스따 에리도

- 앰뷸런스를 불러주세요.

  Llame la ambulancia, por favor.
  야멜 라 암불란씨아 뽀르 파보르

- 차량등록번호는 4567입니다.

  La matrícula del coche es 4567.
  라 마뜨리꿀라 델 꼬체 에스 꾸아뜨로 씽꼬 세이스 씨에떼

- 견인차를 불러주세요.

  Envíeme una grúa.
  엔비에메 우나 그루아

- 보험회사에 연락하세요.

  Avise a la compañía de seguros.
  아비세 알 라 꼼빠니아 데 세구로스

긴급상황

어 휘

· 교통사고	accidente de tráfico	악시덴떼 데 뜨라피꼬
· 보험회사	la compañía de seguros	라 꼼빠니아 데 세구로스
· 응급치료	la auxilia de urgencia	아 아욱씰리아 데 우르헨씨아
· 부상(자)	herido	에리도
· 앰뷸런스	la ambulancia	라 암불란씨아
· 견인차	la grúa	라 그루아
· 수리공장	el taller de reparación	엘 딸예르 데 레빠라씨온
· 펑크	pinchazo	삔차쏘
· 타이어를 교체하다	substituir un neumático	숩스띠뚜이르 운 네우마띠꼬
· 증인	testigo	떼스띠고

명소 · 볼거리

⭕ 쁘라도 박물관 Museo del Prado

스페인이 자랑하는 쁘라도 미술관은 역사적으로 유서가 깊은 소장품들을 지니고 있으며 세계에서도 손꼽히는 미술관 중의 하나이다. '목장'이라는 뜻의 쁘라도는 벨라스께스, 고야, 루벤스, 티티앙, 보티첼리, 피카소 등의 명작을 소유하고 있다.

1819년에 개관한 이 미술관에 펠리뻬 2세, 펠리뻬 4세, 이사벨라 파르네베 왕비 등 왕족들이 수집해 온 귀중한 유럽 미술품을 모두 모아 놓았다. 12세기부터 19세기 유럽을 풍미했던 여러 화가의 작품을 만날 수 있는데, 그 밖에도 이탈리아의 르네상스 시대 화가들인 라파엘로와 프라 안젤리코, 보티체리, 만테냐 등의 작품이 여러 점 있다. 그리고 독일 화가 알브레히트 뒤러의 사실주의적인 초상화도 볼 수 있다.

쁘라도 미술관 뒤, 나즈막하게 경사져 있는 골목길을 올라가면 작은 미술관이 하나 있는데 원래 이곳은 부엔 레띠로 궁전(Palacio del Buen Retiro)의 무도회장으로 쓰였다. 쁘라도의 웅장하고 거대한 느낌에 비해 소박하고, 따스하며 인간적인 정이 느껴지는 작품들이 많다. 입장 시간은 쁘라도 미술관과 동일하고, 쁘라도 미술관에서 구입한 입장권이 있으면 무료이다. 마찬가지로 이곳에서 입장권을 먼저 샀으면, 쁘라도에서 따로 입장권을 구입하지 않아도 된다.

- 스페인의 명소
- 스페인어의 발음과 특징

스페인의 명소

마드리드

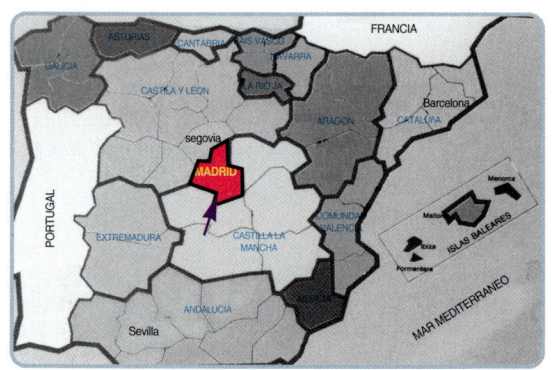

❖ 솔 광장 (Puerta del Sol)
"태양의 문"이라는 뜻의 마드리드 심장부에 속하는 유명한 광장. 최초로 전기불이 켜지고, 최초로 지하철이 개통되고, 최초로 가스등이 켜졌던 모든 시작의 중심지. 이곳에서 연말에 시민들의 함성과 함께 재야의 종이 울려 퍼진다.

❖ 마요르 광장 (Plaza Mayor)
과거 시민 집회활동의 중심이 되던 곳이며, 종교재판이 열리기도 한 구시가지의 중심을 이루는 광장. 현재는 모든 축제, 공공행사의 장소로 이용되고 있으며 매주 일요일에는 우표, 고화, 연말의 크리스마스 트리 및 장난감 시장이 열린다.

❦ 그란비아 (Gran Vía)
마드리드의 스페인 광장에서 시벨레스 광장까지 뻗어있는 넓은 대로. 이 거리를 경계로 남쪽 구시가지와 북쪽 신시가지로 구분된다. 각종 상점, 사무실, 호텔, 레스토랑, 나이트클럽, 극장 등이 모여있는 번화가.

❦ 시벨레스 광장 (Plaza de Cibeles)
1792년 스페인의 유명한 건축가 벤뚜라 로드리게스에 의해 세워진 로마신화에 나오는 대지를 상징하는 여신의 동상이 있다. 이 시벨레스 동상 주위에는 스페인 중앙은행, 마드리드 중앙 우체국, 미국문화원 건물, 육군 본부 등 중요한 건물이 있다.

❦ 아토차역 (Atocha)
1892년 만들어진 현재의 아토차역은 마드리드에 있는 3개 기차역 중 가장 오래된 곳. 1992년 마드리드-세비야간 초고속열차(AVE)가 개통되어 6시간 이상 걸리던 거리를 2시간 반만에 주파함으로써 마드리드와 남쪽지방의 일일생활권을 형성하게 된다. 그 당시 대대적인 내부수리로 만든 식물원과 초현대식 내부시설은 시민들에게 편안한 휴식 공간을 제공한다.

■ 아토차역

❦ 쁘라도 박물관 (Museo del Prado)
유서 깊은 소장품을 지닌 세계에서 손꼽히는 미술관 중 하나. 벨라스께스, 고야, 루벤스, 티티앙, 보티첼리, 피카소 등의 명작을 보유. 미술관 관람시간은 화요일에서 토요일은 오전 9시부터 오후 7시까지이고, 일요일과 공휴일은 오전 9시부터 오후 2시까지이다. 일요일은 무료 입장이 가능하며 월요일과 공휴일은 휴관.

■ 쁘라도 박물관

❖ 라스뜨로 (El Rastro 벼룩시장)

리베라 데 꾸르띠도레스 거리(Calle Ribera de Curtidores) 일대에 일요일과 공휴일이 되면 마드리드의 벼룩시장이 선다. 재래시장 분위기로 오전 9시에서 오후 2시까지 장이 활발하게 열린다. 중고품 외에 신제품도 약 20% 정도 싸고, 고품은 흥정하기에 따라 아주 싸게 살 수도 있다. 지하철역은 라띠나(Latina)역이나 띠르소 데 몰리나(Tirso de Molina)역을 이용. 이곳에선 특히 스페인 집시들의 소매치기를 주의한다.

바르셀로나

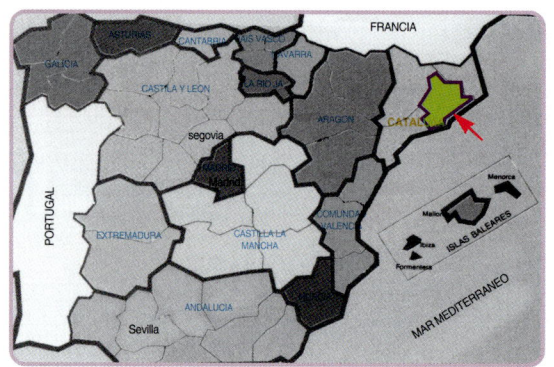

❖ 성 가족 성당 (Templo de la Sagrada Familia)

1882년 안또니오 가우디에 의해 설계된 이 성당은 아직도 미완성된 상태로 완성하기까지는 100년 이상 걸린다고 한다. 때문에 주변은 공사판을 연상케 할 정도로 항상 어수선하고 시끄럽다. 완성된 지하 예배당은 박물관으로 이용되고 있으며 가우디의 묘가 안치된 곳이기도 하다.

■ 성 가족 성당

❖ 피카소 박물관 (Museo Picasso)
바르셀로나의 중심 고딕지구의 중세적 분위기와 어우러져 독특한 분위기를 연출. 천재화가 피카소의 어린시절 습작에서부터 그의 대표적인 작품들을 한눈에 감상할 수 있는 명소이다.

■ 피카소 그림

세비아

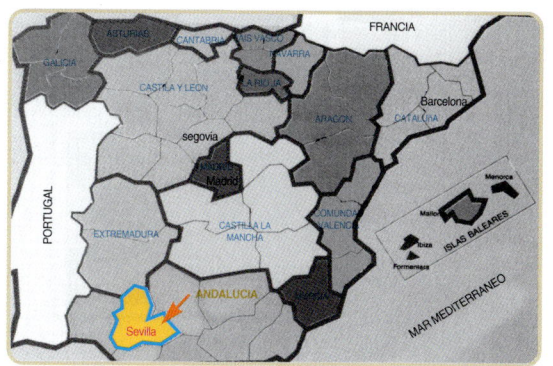

❦ 히랄다 탑 (Giralda)

세비아계 아랍인 헤베르라는 건축가가 세운 세비야의 상징. 히랄다는 '돈다', '바람개비'라는 의미로 계단이 아닌 나선형으로 이어진 완만한 사면을 통해 올라간다.(탑을 세울 당시 회교사원의 수장이 너무 늙어서 그가 당나귀를 타고 올라갈 수 있도록 나선형으로 지었다는 전설이 전해진다.) 이 히랄다 탑은 아랍식 양식에 기독교적 양식이 아름답게 조화를 이루었다는 평을 받으며, 첨탑의 총 28개의 종은 지금도 울리고 있다.

❦ 알함브라 궁전 (Alhambra)

회교 예술의 극치를 이룬 아랍양식의 궁전은 성벽 외곽인 알까싸바(Alcazaba), 궁전, 여름정원인 헤네랄리페(Generalife)의 세 지역으로 나뉜다. 알함브라는 아랍어로 '빨간 성'이라는 뜻. 이 이름은 알까사바의 벽담이 붉은 색을 띠어 붙여진 이름이기도 하고, 건축 당시 불야성을 이루었다고 해서 붙여진 이름이다.

■ 알함브라 궁전

세고비아

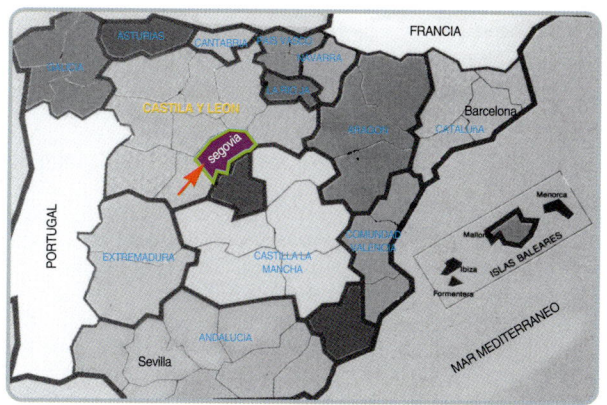

❖ 로마 수도교 (Acueducto Romano)

시내에서 17km 떨어진 산에서 흐르는 물을 끌어오기 위해 축조된 수도교. 기원 후반 초기 로마인이 지배하던 시대의 유물로 아직도 원형 그대로 보존되고 있다. 시멘트, 철, 접착제를 전혀 사용하지 않은 채 파달라마에서 가져온 화강암만을 사용하여 축조한 것이 특징.

■ 로마 수도교

스페인어의 발음과 특징

① 모음의 발음

스페인어의 모음은 5개이며, 발음 방법은 일반적으로 로마자와 같다. 그 중에서 **a, e, o**는 강모음이고, **i, u**는 약모음이다.

- [a]　cama [까마] 침대　　　casa [까사] 집
- [e]　mesa [메사] 테이블　　pero [뻬로] 그러나
- [i]　vino [비노] 포도주　　vivir [비비르] 살다
- [o]　hora [오라] 시간　　　ojo [오호] 눈
- [u]　luna [루나] 달　　　　uno [우노] 하나

또한 스페인어에는 「이중모음」이란 것이 있는데, 이중모음이란 '강모음+약모음', '약모음+강모음', '약모음+약모음'을 말한다.

- [ai]　aire [아이레] 공기
- [au]　autobús [아우또부스] 버스
- [ei]　reino [레이노] 왕국
- [oi]　boina [보이나] 베레모
- [ia]　comedia [꼬메디아] 희극
- [ie]　cielo [씨엘로] 하늘
- [iu]　ciudad [씨우닷] 도시

이중모음은 하나의 모음으로 간주된다. 그러나 **ae, eo, ee** 등과 같이 두 모음이 모두 강모음인 경우는 이중모음이 아닌 두 개의 모음으로 간주된다.

② 자음의 발음

스페인어에는 24개의 자음이 있다. 몇 가지 특수한 경우를 제외하면, 대체로 로마자와 같이 단순하게 발음한다.

(1) **b**는 우리말의 'ㅂ'음과 같다.
  beber 〔베베르〕 마시다   bomba 〔봄바〕 폭탄, 펌프

(2) **c**는 다음과 같이 두 가지로 발음된다. 뒤에 모음 a, o, u가 오면 'ㄲ'음이 되며, 뒤에 모음 e, i가 오면 혀를 위아래의 이 사이로 내밀면서 발음하는 치간음으로 영어의 [θ]와 같은 발음이 된다.
  cama 〔까마〕 침대   cena 〔쎄나〕 저녁 식사
  comer 〔꼬메르〕 먹다   cine 〔씨네〕 영화관
  cura 〔꾸라〕 신부, 치료

(3) **ch**는 'ㅊ'음에 해당한다.
  coche 〔꼬체〕 자동차   muchacho 〔무차초〕 소년

(4) **d**는 우리말의 'ㄷ'음이며, 단어의 끝에 올 때는 앞 음절에 붙여 발음한다.
  nadar 〔나다르〕 수영하다   dinero 〔디네로〕 돈
  usted 〔우스뗏〕 당신   ciudad 〔씨우닷〕 도시

(5) **f**는 우리말의 'ㅍ'과 'ㅎ'의 중간 발음으로 영어의 [f]와 같은 발음이다.
  flor 〔플로르〕 꽃   fuego 〔푸에고〕 불

(6) **g**는 모음 a, o, u 앞에서는 'ㄱ'으로 발음되고, 모음 e, i 앞에서는 강한 'ㅎ'으로 발음된다.

gato [가또] 고양이   gente [헨떼] 사람들
goma [고마] 고무   gitano [히따노] 집시
agua [아구아] 물

그러나 gue, gui의 u는 발음되지 않고 각각 [게], [기]로 발음한다. 그리고 güe, güi는 [구에], [구이]로 발음한다.

guerra [게라] 전쟁   guitarra [기따라] 기타
vergüenza [베르구엔사] 수치
lingüística [링구이스띠까] 언어학

(7) **h**는 어떤 경우에도 발음되지 않는다.

ahora [아오라] 지금   hotel [오뗄] 호텔

(8) **j**는 우리말의 'ㅎ'에 가까운데, 목구멍 깊은 곳에서 나오는 강한 발음으로, 앞에서 본 gente, gitano의 [g]와 같은 발음이다.

viaje [비아헤] 여행   joven [호벤] 젊은이

(9) **k**는 우리말의 'ㄲ'에 해당하며 외래어 표기에 사용된다.

kilómetro [낄로메뜨로] 킬로미터
koala [꼬알라] 코알라

(10) **l**는 혀를 입천장 끝에 붙였다가 떼면서 발음한다.

libro [리브로] 책   lobo [로보] 늑대
blanco [블랑꼬] 하얀   paloma [빨로마] 비둘기

(11) ll는 우리말로 표현하기 어려운 설측경구개음으로, 스페인어의 표준 발음으로 calle는 〔깔예〕와 비슷한 발음이지만, 중남미에서는 〔까예〕로 발음하기도 한다. 그러나 단어의 맨 앞에 오는 경우에는 〔y〕로 발음한다.

caballo 〔까발요〕 말   caballero 〔까발예로〕 신사
llave 〔야베〕 열쇠   lluvia 〔유비아〕 비

(12) m은 우리말의 'ㅁ' 음과 동일하다.

mano 〔마노〕 손   mundo 〔문도〕 세계

(13) n은 우리말의 'ㄴ' 음과 같은 발음이다.

nación 〔나씨온〕 국가   novela 〔노벨라〕 소설

(14) ñ는 우리말의 '니' 음에 해당하며, 모음과 연결되어 '냐', '녜', '뇨', '뉴' 등과 같이 발음된다.

niña 〔니냐〕 여자 아이   cariño 〔까리뇨〕 애정

(15) p는 'ㅍ' 음이 아니라 우리말의 'ㅃ' 음에 해당한다.

piano 〔삐아노〕 피아노   papel 〔빠뻴〕 종이, 역할

(16) q는 **u**와 함께 쓰여 반드시 que〔께〕, qui〔끼〕로 발음된다.

qué 〔께〕 무엇   quince 〔낀쎄〕 15

(17) r는 우리말의 'ㄹ' 음과 같지만, 단어의 첫 음이 될 때는 혀를 3, 4회 진동하면서 내는 진동음이 된다. 또한 rr는 r가 단어의 첫 음이 되는 경우처럼 발음된다.

cara 〔까라〕 얼굴   ropa 〔로빠〕 옷
perro 〔뻬로〕 개   carro 〔까로〕 마차, 자동차

(18) **s**는 단어에 따라서 'ㅅ'이나 'ㅆ'으로 발음한다.

    sello 〔셀요〕 우표   sábado 〔사바도〕 토요일

(19) **t**는 우리말의 'ㄸ'음에 해당한다.

    todo 〔또도〕 모두   tarde 〔따르데〕 오후

(20) **v**는 **b**와 같은 음으로 우리말의 'ㅂ'음에 해당한다. 영어의 순치음 [v]처럼 발음하지 않는다.

    verano 〔베라노〕 여름   avión 〔아비온〕 비행기

(21) **w**는 외래어를 표기하는 데 사용되며, 'ㅂ'이나 '우'로 발음된다.

    wagón 〔바곤〕 왜건   whisky 〔위스끼〕 위스키

(22) **x**는 모음 앞에서는 'ㄱㅅ', 자음 앞에서는 'ㅅ' 음으로 발음된다. 그러나 México〔메히꼬〕, Texas〔떼하스〕는 토착어의 특별한 발음이다.

    examen 〔엑사멘〕 시험   expreso 〔에스쁘레소〕 급행열차

(23) **y**는 우리말의 '이' 음에 해당되는 발음이다.

    yo 〔요〕 나   ayuda 〔아유다〕 도움

(24) **z**는 혀를 위아래 이 사이로 내미는 치간음으로 영어의 [θ]와 같은 발음이다. 남미에서는 [s]로 발음하기도 한다.

    plaza 〔쁠라싸〕 광장   cerveza 〔쎄르베싸〕 맥주

③ 악센트

스페인어 악센트의 위치는 규칙적이며, 다음과 같은 세 가지 규칙에 의해 정해진다.

(1) 모음 또는 **n, s**로 끝나는 단어는 뒤에서 두 번째 모음에 악센트가 있다.

tab<u>a</u>co [따바꼬] 담배   j<u>o</u>ven [호벤] 젊은이
pantal<u>o</u>nes [빤딸로네스] 바지

(2) **n, s** 이외의 자음으로 끝나는 단어는 맨 뒤의 모음에 악센트가 있다.

hospit<u>a</u>l [오스삐딸] 병원   arr<u>o</u>z [아로쓰] 쌀

(3) 그 외의 불규칙한 악센트를 가진 단어들은 악센트 부호(´)가 표기되어 있다.

avió̲n [아비온] 비행기   mú̲sica [무시까] 음악

④ 성과 수

스페인어의 모든 명사는 남성과 여성으로 구분된다. 예를 들면 padre[빠드레] '아버지'는 남성, madre[마드레] '어머니'는 여성이다. 이러한 경우 외에 무생물명사도 항상 문법적인 성을 갖는다. viento[비엔또] '바람', libro[리브로] '책'은 남성명사이며, mesa[메사] '탁자', lluvia[유비아] '비'는 여성이다. 대체로 -o로 끝나는 명사는 남성, -a로 끝나는 명사는 여성이지만 항상 그런 것은 아니다.

un coche 〔운 꼬체〕 자동차 한 대
un café 〔운 까페〕 커피 한 잔
una cerveza 〔우나 쎄르베싸〕 맥주 한 잔
una casa 〔우나 까사〕 집 한 채

자동차와 커피는 남성명사이므로 부정관사 un이 붙고 맥주와 집은 여성명사이므로 부정관사 una가 붙는다.

또한 명사의 수는 단수와 복수로 되어 있다. 단수형을 복수형으로 만드는 방법으로는 원칙적으로 단수형 명사가 모음으로 끝나면 어미에 -s를 붙이고, 단수형 명사가 자음으로 끝나면 -es를 붙인다.

un coche 〔운 꼬체〕 자동차 한 대
dos coches 〔도스 꼬체스〕 자동차 두 대

un avión 〔운 아비온〕 비행기 한 대
dos aviones 〔도스 아비오네스〕 비행기 두 대

5 동사 변화

스페인어의 동사는 인칭(나는, 너는, 우리들은, 너희들은, 그는, 그들은)에 따라 형태가 변한다. 이외에도 법과 시제에 따라 형태가 변화한다. 예를 들어 동사 ir〔이르〕 '가다' 라는 불규칙 동사의 형태는 다음과 같다.

Yo voy. 〔요 보이〕 나는 간다.
Ella va. 〔엘야 바〕 그녀는 간다.

주격인칭대명사는 다음과 같다.

인칭 \ 수	단 수		복 수	
1인칭	**yo** 요	나	**nosotros** 노소뜨로스 **nosotras** 노소뜨라스	우리들(남) 우리들(여)
2인칭	**tú** 뚜	너	**vosotros** 보소뜨로스 **vosotras** 보소뜨라스	너희들(남) 너희들(여)
3인칭	**usted** 우스뗏 **él** 엘 **ella** 엘야	당신 그 그녀	**ustedes** 우스떼데스 **ellos** 엘요스 **ellas** 엘야스	당신들 그들 그녀들

스페인어의 동사는 모두 어미가 -ar, -er, -ir 형으로 구분되는데 '나는 ~한다'라고 할 때는 어미가 -o로 되고, '당신은(그는, 그녀는) ~한다'라고 할 경우에는 어미가 -ar 형태인 동사는 모두 -a, 어미가 -er, -ir인 동사는 -e로 된다. 스페인어에서는 주격인칭대명사가 자주 생략되기 때문에 동사변화를 알아두는 것이 필요하다.

동사 **hablar** [아블라르]

hablo [아블로] 나는 말한다
habla [아블라] 당신은(그는, 그녀는) 말한다

동사 **comer** [꼬메르]

como [꼬모] 나는 먹는다
come [꼬메] 당신은(그는, 그녀는) 먹는다

동사　**escribir**　[에스끄리비르]

　　escribo [에스끄리보] 나는 쓴다
　　escribe [에스끄리베] 당신은(그는, 그녀는) 쓴다

⑥ 표기법의 특징

스페인어에서는 의문부호와 감탄부호의 사용이 우리말과는 다르다. 의문문과 감탄문의 경우에 의문부호와 감탄부호를 문장의 앞에는 [¿, ¡]와 같이 거꾸로 표기하고, 문장의 뒤에는 우리말처럼 [?, !]와 같이 표기한다. 즉 의문부호와 감탄부호는 문장의 앞뒤에 모두 표기한다.

　　¿Qué es esto? [께 에스 에스또] 이것은 무엇입니까?
　　¡Qué guapa eres! [께 구아빠 에레스] 너는 정말 예쁘구나!

또한 소수점과 콤마가 우리와는 정반대로 사용된다. 즉 다음과 같이 표기된다.

스페인어	우리말
2.500.000 달러 0,58%	2,500,000 달러 0.58%

Core Wordbook

핵심 단어장
Core Wordbook

■ 가게	la tienda	라 띠엔다
■ 가격	el precio	엘 쁘레씨오
■ 가구	el mueble	엘 무에블레
■ 가로	la avenida	라 아베니다
■ 가방	el bolso	엘 볼소
■ 가수	el(la) cantante	엘(라) 깐딴떼
■ 가을	el otoño	엘 오또뇨
■ 가전(용품)	electrodoméstico	엘렉뜨로도메스띠꼬
■ 가족	la familia	라 파밀리아
■ 가죽	el cuero	엘 꾸에로
■ 가죽재킷	chaqueta de piel	차께따 데 삐엘
■ 가죽제품	productos de piel	쁘로둑또스 데 삐엘
■ 간호사	la enfermera	라 엔페르메라
■ 감기	el resfriado	엘 레스프리아도
■ 감자튀김	patatas fritas	빠따따스 프리따스
■ 값싼	barato	바라또
■ 강	el río	엘 리오
■ 개관시간	la hora de apertura	라 오라 데 아뻬르뚜라
■ 개인	el individual	엘 인디비두알
■ 개찰구	el portillo de andén	엘 뽀르띨요 데 안덴
■ 거리	la calle	라 깔예

■ 거스름돈	el cambio	엘 깜비오
■ 거주자	residente	레씨덴떼
■ 건물	el edificio	엘 에디피씨오
■ 건전지	la pila	라 삘라
■ 걸어가다	ir a pie	이르 아 삐에
■ 게이트(탑승구)	puerta de embarque	뿌에르따 데 엠바르께
■ 게임	el juego	엘 후에고
■ 겨울	el invierno	엘 인비에르노
■ 경기자	el jugador	엘 후가도르
■ 경찰	la policía	라 뽈리씨아
■ 경찰서	la comisaría	라 꼬미싸리아
■ 계단	la escalera	라 에스깔레라
■ 계란후라이	huevo frito	우에보 프리또
■ 계산대	la caja	라 까하
■ 계산(서)	la cuenta	라 꾸엔따
■ 고객	el(la) cliente	엘(라) 끌리엔떼
■ 고기	la carne	라 까르네
■ 고속도로	la autopista	라 아우또삐스따
■ 공	la pelota	라 뻴로따
■ 공식적인	oficial	오피씨알
■ 공예품	el objeto de artesanía	엘 오브헤또 데 아르떼싸니아
■ 공원	el parque	엘 빠르께
■ 공중전화	el teléfono público	엘 뗄레포노 뿌블리꼬
■ 공중화장실	el sevicio público	엘 세르비씨오 뿌블리꼬
■ 공항	el aeropuerto	엘 아에로뿌에르또
■ 과일	la fruta	라 프루따
■ 관광	el turismo	엘 뚜리스모
■ 관광객	turista	뚜리스따
■ 관광안내책자	el folleto turístico	엘 폴예또 뚜리스띠꼬
■ 광장	la plaza	라 쁠라싸

핵심단어장

교외열차	tren de cercanía	뜨렌 데 쎄르까니아
교차로	el cruce	엘 끄루쎄
교통사고	el accidente de tráfico	엘 악씨덴떼 데 뜨라피꼬
교환수	el(la) telefonista	엘(라) 뗄레포니스따
구급차	la ambulancia	라 암불란씨아
구두	los zapatos	로스 싸빠또스
구두끈	el cordón	엘 꼬르돈
국가번호	el número del país	엘 누메로 델 빠이스
국내선	la línea nacional	라 리네아 나씨오날
국적	la nacionalidad	라 나씨오날리닷
국제선	la línea internacional	라 리네아 인떼르나씨오날
국제전화	llamada internacional	야마다 인떼르나씨오날
궁전	el palacio	엘 빨라씨오
귀중품보관함	la caja fuerte	라 까하 푸에르떼
그 남자	él	엘
그것	eso	에쏘
그녀	ella	엘야
그림	el cuadro	엘 꾸아드로
극장	el teatro	엘 떼아뜨로
금연	prohibido fumar	쁘로이비도 푸마르
금요일	el viernes	엘 비에르네스
급행열차	el tren expreso	엘 뜨렌 에스쁘레소
기념물	el monumento	엘 모누멘또
기념품	los recuerdos	로스 레꾸에르도스
기침약	la tos	라 또스
기한	el plazo	엘 쁠라쏘
긴	largo	라르고
긴급	la emergencia	라 에메르헨씨아
꽃	la flor	라 플로르
꽃가게	la floristería	라 플로리스떼리아

나	yo	요
나라	el país	엘 빠이스
나무	el árbol	엘 아르볼
나쁜	mal	말
나이프	el cuchillo	엘 꾸칠요
난방	la calefacción	라 깔레팍씨온
날	el día	엘 디아
날다	volar	볼라르
남쪽	el sur	엘 수르
남편	el marido	엘 마리도
낮잠	la siesta	라 씨에스따
내과의사	el(la) internista	엘(라) 인떼르니스따
내려가다	bajar	바하르
내일	mañana	마냐나
냉수	el agua fría	엘 아구아 프리아
너	tú	뚜
너희들	vosotros	보소뜨로스
넓은	ancho	안초
넥타이	la corbata	라 꼬르바따
년	el año	엘 아뇨
노래	la canción	라 깐씨온
노래하다	cantar	깐따르
노인	viejo	비에호
녹차	el té verde	엘 떼 베르데
눈이 오다	nevar	네바르
늦은	tarde	따르데

▪ 다림질	el planchado	엘 쁠란차도
▪ 단체	el grupo	엘 그루뽀
▪ 달러	dólar	돌라르
▪ 닭고기	el pollo	엘 뽀요
▪ 담배	el cigarrillo	엘 씨가릴요
▪ 담배피우다	fumar	푸마르
▪ 담요	la manta	라 만따
▪ 당신(존칭)	usted (Ud.)	우스뗏
▪ 대변	las heces	라스 에쎄스
▪ 대합실	sala de espera	살라 데 에스뻬라
▪ 대화	la conversación	라 꼰베르싸씨온
▪ 더블룸	el cuarto doble	엘 꾸아르또 도블레
▪ 도로	la carretera	라 까레떼라
▪ 도시	la ciudad	라 씨우닷
▪ 도착	la llegada	라 예가다
▪ 도착하다	llegar	예가르
▪ 돈	el dinero	엘 디네로
▪ 돕다	ayudar	아유다르
▪ 동물	el animal	엘 아니말
▪ 동전	la moneda metálica	라 모네다 메딸리까
▪ 동쪽	el este	엘 에스떼
▪ 돼지고기	la carne de cerdo	라 까르네 데 쎄르도
▪ 드라이	secado	세까도
▪ 등기우편	el correo certificado	엘 꼬레오 세르띠피까도
▪ 등심	el solomillo	엘 쏠로밀요
▪ 딸	la hija	라 이하
▪ 딸기	la fresa	라 프레사

ㄹ

- 라디오   la radio   라 라디오
- 라이터   el encendedor   엘 엔쎈데도르
- 레몬홍차   té con limón   떼 꼰 리몬
- 레스토랑   el restaurante   엘 레스따우란떼

ㅁ

- 마시다   beber   베베르
- 만들다   hacer   아쎄르
- 말하다   hablar   아블라르
- 매니큐어   la manicura   라 마니꾸라
- 매표소   la taquilla   라 따낄야
- 매표원   el taquillero   엘 따낄예로
- 맥주   la cerveza   라 쎄르베싸
- 먹다   comer   꼬메르
- 멀미   el mareo   엘 마레오
- 메뉴   el menú   엘 메누
- 목걸이   el collar   엘 꼴야르
- 목요일   el jueves   엘 후에베스
- 목적지   el destino   엘 데스띠노
- 무대   la escena   라 에스쎄나
- 무료입장   entrada libre   엔뜨라다 리브레
- 무엇   qué   께
- 묵다   hospedarse   오스뻬다르세
- 문을 닫다   cerrar   쎄라르
- 문을 열다   abrir   아브리르
- 미혼의   soltero   쏠떼로

핵심단어장

바	el bar	엘 바르
바꾸다	cambiar	깜비아르
바나나	el plátano	엘 쁠라따노
바람	el viento	엘 비엔또
바베큐	la barbacoa	라 바르바꼬아
바쁜	ocupado	오꾸빠도
바지	los pantalones	로스 빤딸로네스
박물관	el museo	엘 무세오
반지	el anillo	엘 아닐요
반창고	el esparadrapo	엘 에스빠라드라뽀
받아들이다	aceptar	아셉따르
발송인	el remitente	엘 레미뗀떼
밤	la noche	라 노체
방[1]	el cuarto	엘 꾸아르또
방[2]	la habitación	라 아비따씨온
방법	la manera	라 마네라
배낭	la mochila	라 모칠라
백화점	el almacén	엘 알마쎈
버스	el autobús	엘 아우또부스
버터	la mantequilla	라 만떼낄야
벌금	la multa	라 물따
벨트	el cinturón	엘 씬뚜론
보석	la joya	라 호야
보증	la garantía	라 가란띠아
보통열차	tren ómnibus	뜨렌 옴니부스
보험	el seguro	엘 세구로
복사	la fotocopia	라 포또꼬삐아

- 복사하다 copiar 꼬삐아르
- 본보기 el ejemplo 엘 에헴쁠로
- 봄 la primavera 라 쁘리마베라
- 봉사하다 servir 쎄르비르
- 부모 los padres 로스 빠드레스
- 부부 el matrimonio 엘 마뜨리모니오
- 부인 la mujer 라 무헤르
- 부츠 las botas 라스 보따스
- 북쪽 el norte 엘 노르떼
- 분 el minuto 엘 미누또
- 분실물 objetos perdidos 오브헤또스 뻬르디도스
- 불 el fuego 엘 후에고
- 붕대 la venda 라 벤다
- 블라우스 la blusa 라 불루사
- 블랙커피 café solo 까페 솔로
- 비 la lluvia 라 유비아
- 비거주자 no residente 노 레씨덴떼
- 비누 el jabón 엘 하본
- 비싼 caro 까로
- 비용 el costo 엘 꼬스또
- 비자 el visado 엘 비싸도
- 비프 스테이크 el bistec 엘 비스떽
- 비행기 el avión 엘 아비온
- 비행기편 el vuelo 엘 부엘로
- 빌리다 alquilar 알낄라르

- 사고	el accidente	엘 악씨덴떼
- 사다	comprar	꼼쁘라르
- 사람	la gente	라 헨떼
- 사무실	la oficina	라 오피씨나
- 사업	el negocio	엘 네고씨오
- 사용하다	usar	우사르
- 사원	el templo	엘 뗌쁠로
- 사이즈	la talla	라 딸야
- 사진	la foto	라 포또
- 상가	la calle comercial	라 깔예 꼬메르시알
- 상단침대	cama de arriba	까마 데 아리바
- 색	el color	엘 꼴로르
- 샌드위치	el bocadillo	엘 보까디요
- 샐러드	la ensalada	라 엔살라다
- 생선	el pescado	엘 뻬스까도
- 샤워	la ducha	라 두차
- 샴푸	el champú	엘 참뿌
- 서류	documento	도꾸멘또
- 서류가방	la cartera	라 까르떼라
- 서명	la firma	라 피르마
- 서쪽	el oeste	엘 오에스떼
- 선글라스	las gafas de sol	라스 가파스 데 쏠
- 선물	el regalo	엘 레갈로
- 선물하다	regalar	레갈라르
- 선박	el barco	엘 바르꼬
- 설탕	el azúcar	엘 아쑤까르
- 성인	adulto	아둘또
- 성탄절	Navidad	나비닷

세관	la aduana	라 아두아나
세관원	el aduanero	엘 아두아네로
세금	el impuesto	엘 임뿌에스또
세면대	el lavabo	엘 라바보
세탁소	lavandería	라반데리아
셔츠	la camisa	라 까미사
소금	la sal	라 쌀
소매치기	el ratero	엘 라떼로
소포	el paquete postal	엘 빠께떼 뽀스딸
속달우편	correo urgente	꼬레오 우르헨떼
손님	cliente	끌리엔떼
손목시계	el reloj de pulsera	엘 레로흐 데 뿔세라
손수건	el pañuelo	엘 빠뉴엘로
쇠고기	la carne de vaca	라 까르네 데 바까
쇼윈도우	el escaparate	엘 에스까빠라떼
수신인	el destinatario	엘 데스띠나따리오
수영복	el traje de baño	엘 뜨라헤 데 바뇨
수영장	la piscina	라 삐스씨나
수영하다	nadar	나다르
수요일	el miércoles	엘 미에르꼴레스
수표	el cheque	엘 체께
수프	la sopa	라 소빠
수하물	equipaje de mano	에끼빠헤 데 마노
수하물보관소	la consigna	라 꼰시그나
숙박소	la fonda	라 폰다
술	bebida alcohólica	베비다 알꼬올리까
술잔	la copa	라 꼬빠
슈퍼마켓	el supermercado	엘 수뻬르메르까도
스웨터	el jersey	엘 헤르쎄이
스위치	el interruptor	엘 인떼르룹또르

핵심단어장

한국어	스페인어	발음
스키	el esquí	엘 에스끼
스키를 타다	esquiar	에스끼아르
스타킹	las medidas	라스 메디다스
스테이크	el bistec	엘 비스떽
스포츠	el deporte	엘 데뽀르떼
승객	pasajero(ra)	빠사헤로(라)
승무원(기차)	el revisor	엘 레비소르
승선	el embarque	엘 엠바르께
승선하다	embarcar	엠바르까르
승차권	el billete	엘 빌예떼
시간	la hora / el tiempo	라 오라 / 엘 띠엠뽀
시간이 걸리다	tardarse	따르다르세
시간표	el horario	엘 오라리오
시내관광	el turismo urbano	엘 뚜리스모 우르바노
시내버스	el autobús ciudadano	엘 아우또부스 씨우다다노
시장	el mercado	엘 메르까도
시차	la diferencia de horas	라 디페렌시아 데 오라스
식당차	el coche comedor	엘 꼬체 꼬메도르
식사	la comida	라 꼬미다
식사하다	comer	꼬메르
신고	la declaración	라 데끌라라씨온
신고하다	declarar	데끌라라르
신문	el periódico	엘 뻬리오디꼬
신용카드	la tarjeta de crédito	라 따르헤따 데 끄레디또
신호등	el semáforo	엘 쎄마포로
심장병	la enfermedad cardíaca	라 엔페르메닷 까르디아까
싱글룸	el cuarto sencillo	엘 꾸아르또 센씰요
싼	barato	바라또
쓰다	escribir	에스끄리비르

- 아들 el hijo 엘 이호
- 아버지 el padre 엘 빠드레
- 아스피린 la aspirina 라 아스삐리나
- 아이스크림 el helado 엘 엘라도
- 아침식사 el desayuno 엘 데사유노
- 안내소 la información 라 인포르마씨온
- 안내원 el(la) guía 엘(라) 기아
- 안내책자 la guía 라 기아
- 안전벨트 el cinturón de seguridad 엘 씬뚜론 데 세구리닷
- 알레르기 la alergia 라 알레르히아
- 앰뷸런스 la ambulancia 라 암불란씨아
- 야간열차 el tren nocturno 엘 뜨렌 녹뚜르노
- 약 la medicina 라 메디씨나
- 약국 la farmacia 라 파르마씨아
- 어제 ayer 아예르
- 엘리베이터 el ascensor 엘 아스쎈소르
- 여관 el hostal 엘 오스딸
- 여권 el pasaporte 엘 빠사뽀르떼
- 여승무원 la azafata 라 아싸파따
- 여행자수표 el cheque de viaje(viajero) 엘 체께 데 비아헤(비아헤로)
- 여행하다 viajar 비아하르
- 역 la estación 라 에스따씨온
- 연극 el teatro 엘 떼아뜨로
- 열쇠 la llave 라 야베
- 열쇠고리 el llavero 엘 야베로
- 엽서 la tarjeta postal 라 따르헤따 뽀스딸
- 영수증 el comprobante 엘 꼼쁘로반떼
- 영화(관) el cine 엘 씨네

핵심단어장

▪ 예비타이어	neumático de repuesto	네우마띠꼬 데 레뿌에스또
▪ 예약	la reservación / reserva	라 레쎄르바씨온 / 레쎄르바
▪ 예약하다	reservar	레쎄르바르
▪ 오늘	hoy	오이
▪ 오렌지주스	el zumo de naranja	엘 쑤모 데 나랑하
▪ 오른쪽으로	a la derecha	알 라 데레차
▪ 오케스트라	la orquesta	라 오르께스따
▪ 오토매틱 차	el coche áutomático	엘 꼬체 아우또마띠꼬
▪ 오페라	la ópera	라 오뻬라
▪ 오한	el escalofrío	엘 에스깔로프리오
▪ 오후	tarde	따르데
▪ 옷	la ropa	라 로빠
▪ 왕복	ida y vuelta	이다 이 부엘따
▪ 왕복표	el billete de ida y vuelta	엘 빌예떼 데 이다 이 부엘따
▪ 외국인	extranjero(ra)	에스뜨랑헤로(라)
▪ 외투	el abrigo	엘 아브리고
▪ 왼쪽으로	a la izquierda	알 라 이스끼에르다
▪ 우유	la leche	라 레체
▪ 우체통	el buzón	엘 부쏜
▪ 우표	el sello	엘 셀요
▪ 우회전하다	doblar a la derecha	도블라르 알 라 데레차
▪ 운동화	las zapatillas	라스 싸빠띨야스
▪ 운송	el transporte	엘 뜨란스뽀르떼
▪ 운임	la tarifa	라 따리파
▪ 운전면허증	el permiso de conducir	엘 뻬르미소 데 꼰두씨르
▪ 운전사	el conductor	엘 꼰둑또르
▪ 월요일	el lunes	엘 루네스
▪ 웨이터	el camarero	엘 까마레로
▪ 위스키	el whisky	엘 위스끼
▪ 유적	las ruinas	라스 루이나스

은행	el banco	엘 방꼬
음료수	el refresco	엘 레프레스꼬
음식	la comida	라 꼬미다
음악회	el concierto	엘 꼰씨에르또
의류	la prenda	라 쁘렌다
의사	el médico	엘 메디꼬
의자	la silla	라 씰야
이	el diente	엘 디엔떼
이것	esto	에스또
이륙	el despegue	엘 데스뻬게
이름	el nombre	엘 놈브레
이발	el corte de pelo	엘 꼬르떼 데 뻴로
이발사	el peluquero	엘 뻴루께로
이자	el interés	엘 인떼레스
인사하다	saludar	쌀루다르
인출하다	retirar	레띠라르
인터뷰	la entrevista	라 엔뜨레비스따
일방통행	la dirección única	디렉씨온 우니까
읽다	leer	레에르
잃다	perder	뻬르데르
임대(료)	el alquiler	엘 알낄레르
임대하다	alquilar	알낄라르
입	la boca	라 보까
입구	la entrada	라 엔뜨라다
입국	la inmigración	라 인미그라씨온
입국카드	la tarjeta de entrada	라 따르헤따 데 엔뜨라다
입장권	el boleto	엘 볼레또
입장료	precio de entrada	쁘레씨오 데 엔뜨라다

자동의	automático	아우또마띠꼬
자동차	el coche	엘 꼬체
자전거	la bicicleta	라 비씨끌레따
작동하다	funcionar	푼씨오나르
작품	la obra	라 오브라
잔돈	el suelto	엘 수엘또
잠자다	dormir	도르미르
잡지	la revista	라 레비스따
장갑	los guantes	로스 구안떼스
장난감	el juguete	엘 후게떼
장소	el lugar	엘 루가르
재발행	expedición de nuevo	엑스뻬디씨온 데 누에보
재킷	la chaqueta	라 차께따
재확인하다	reconfirmar	레꼰피르마르
저것	aquéllo	아**껠**로
저녁식사	la cena	라 쎄나
전등	la lámpara	라 람빠라
전시장	la exposición	라 엑스뽀시씨온
전화	el teléfono	엘 뗄레포노
전화번호	el número de teléfono	엘 누메로 데 뗄레포노
전화번호부	la guía telefónica	라 기아 뗄레포니까
전화카드	la tarjeta telefónica	라 따르헤따 뗄레포니까
점심식사	el almuerzo	엘 알무에르쏘
정류장	la parada	라 빠라다
정오	el mediodía	에 메디오디아
정지하다	parar	빠라르
조각	la escultura	라 에스꿀뚜라
조용한	tranquilo	뜨랑낄로

■ 좁은	estrecho	에스뜨레초
■ 종업원	dependiente	데뻰디엔떼
■ 좋은	bueno	부에노
■ 좌석	el asiento	엘 아씨엔또
■ 좌회전하다	doblar a la izquierda	도블라르 아 라 이쓰끼에르다
■ 주소	la dirección	라 디렉씨온
■ 주스	el zumo	엘 쑤모
■ 주유소	la gasolinera	라 가솔리네라
■ 주의하다	cuidar	꾸이다르
■ 주차장	el aparcamiento	엘 아빠르까미엔또
■ 주차하다	aparcar	아빠르까르
■ 준비하다	preparar	쁘레빠라르
■ 중단시키다	interrumpir	인떼르룸삐르
■ 즐기다	divertirse	디베르띠르세
■ 증명서	la tarjeta	라 따르헤따
■ 증인	testigo	떼스띠고
■ 지갑	la cartera	라 까르떼라
■ 지금	ahora	아오라
■ 지나가다	pasar	빠사르
■ 지나친	demasiado	데마씨아도
■ 지도	el mapa	엘 마빠
■ 지배인	el gerente	엘 헤렌떼
■ 지불하다	pagar	빠가르
■ 지역번호	el prefijo territorial	엘 쁘레피호 떼리또리알
■ 지연	el retraso	엘 레뜨라쏘
■ 지폐	el billete	엘 빌예떼
■ 지하철역	la estación del metro	라 에스따씨온 델 메뜨로
■ 직행열차	el tren directo	엘 뜨렌 디렉또
■ 진료	la consulta	라 꼰술따
■ 진료실	el consultorio	엘 꼰술또리오

핵심단어장

차례	el turno	엘 뚜르노
착륙	el aterrizaje	엘 아떼리싸헤
챔피언	el campeón	엘 깜뻬온
창구	la ventanilla	라 벤따닐야
창문	la ventana	라 벤따나
찾다	buscar	부스까르
책	el libro	엘 리브로
처방	la receta	라 레쎄따
천식	el asma	엘 아쓰마
첫째의	primero	쁘리메로
청소하다	limpiar	림삐아르
체온	la temperatura del cuerpo	라 뗌뻬라뚜라 델 꾸에르뽀
초과수하물	exceso de equipaje	엑쎄소 데 에끼빠헤
초대하다	invitar	인비따르
초록색의	azul	아쑬
초콜릿	el chocolate	엘 초꼴라떼
촬영금지	no filmar	노 필마르
최신유행의	de última moda	데 울띠마 모다
축구	el fútbol	엘 풋볼
축구선수	futbolista	풋볼리스따
축제	la fiesta	라 피에스따
출구	la salida	라 살리다
출국	la emigración	라 에미그라씨온
출발시간	la hora de salida	라 오라 데 살리다
출발하다	salir	살리르
출입금지	no pasar	노 빠사르
춤	el baile	엘 바일레
춤추다	bailar	바일라르

- 충고하다   aconsejar   아꼰쎄하르
- 치과의사   el(la) dentista   엘(라) 덴띠스따
- 치마   la falda   라 팔다
- 치수   la medida   라 메디다
- 치약   la pasta de dientes   라 빠스따 데 디엔떼스
- 치우다   quitar   끼따르
- 치즈   el queso   엘 께소
- 침대   la cama   라 까마
- 침대차   el coche cama   엘 꼬체 까마
- 칫솔   el cepillo de dientes   엘 쎄삐요 데 디엔떼스

- 카메라   la cámara   라 까마라
- 카운터   el mostrador   엘 모스뜨라도르
- 카지노   el casino   엘 까씨노
- 카펫   la alfombra   라 알폼브라
- 커피(숍)   el café   엘 까페
- 컬러필름   un rollo de color   운 롤요 데 꼴로르
- 컴퓨터   el ordenador   엘 오르데나도르
- 컵   el vaso   엘 바쏘
- 케이크   el pastel   엘 빠스뗄
- 켜다   encender   엔쎈데르
- 코끼리   el elefante   엘 엘레판떼
- 콘서트   el concierto   엘 꼰씨에르또
- 콜렉트콜   llamada a cobro revertido   야마다 아 꼬브로 레베르띠도
- 콩쿠르   el concurso   엘 꽁꾸르소
- 큰   grande   그란데
- 킬로미터   kilómetro   낄로메뜨로

핵심단어장

타다	subir	수비르
타월	la toalla	라 또알야
타이어	el neumático	엘 네우마띠꼬
탁자	la mesa	라 메사
탑	la torre	라 또레
탑승	el embarque	엘 엠바르께
탑승권	la tarjeta de embarque	라 따르헤따 데 엠바르께
탑승대기실	sala de espera	살라 데 에스뻬라
탑승하다	embarcar	엠바르까르
택시	el taxi	엘 딱시
택시미터기	el taxímetro	엘 딱시메뜨로
택시운전사	taxista	딱시스따
테니스	el tenis	엘 떼니스
테이블	la mesa	라 메사
토스트	la tostada	라 또스따다
토요일	el sávado	엘 싸바도
통로	el pasillo	엘 빠실요
통역	la interpretación	라 인떼르쁘레따씨온
통역자	intérprete	인떼르쁘레떼
통화	la llamada	라 야마다
투우사	el torero	엘 또레로
투우장	la plaza de toros	라 쁠라싸 데 또로스
트렁크	el maletero	엘 말레떼로
트윈룸	la habitación con dos camas	라 아비따씨온 꼰 도스 까마스
특급열차	el tren rápido	엘 뜨렌 라삐도
특별한	especial	에스뻬씨알
티켓	el boleto	엘 볼레또
팁	la propina	라 쁘로삐나

파마	la permanente	라 뻬르마넨떼
파출소	el puesto de policía	엘 뿌에스또 데 뽈리씨아
파티	la fiesta	라 피에스따
판매	la venta	라 벤따
팔다	vender	벤데르
팜플렛	el folleto	엘 폴예또
편도	la ida	라 이다
편도승차권	el billete de ida	엘 빌예떼 데 이다
편안한	cómodo	꼬모도
편지	la carta	라 까르따
폐	el pulmón	엘 뿔몬
폐관시간	la hora de cierre	라 오라 데 씨에레
폐렴	la pulmonía	라 뿔모니아
포도	la uva	라 우바
포도주	el vino	엘 비노
포크	el tenedor	엘 떼네도르
표	el billete	엘 빌예떼
표시하다	marcar	마르까르
풍경	el paisaje	엘 빠이사헤
프로그램	el programa	엘 쁘로그라마
프론트	la recepción	라 레셉씨온
프론트 직원	el(la) recepcionista	엘(라) 레셉씨오니스따
플랫폼	el andén	엘 안덴
피곤한	cansado	깐사도
피곤해지다	cansarse	깐사르세
피아노	el piano	엘 삐아노
피아니스트	pianista	삐아니스따
필요한	necesario	네쎄사리오

- 하늘 — el cielo — 엘 씨엘로
- 하단침대 — cama de abajo — 까마 데 아바호
- 하물 — el equipaje — 엘 에끼빠헤
- 학생 — estudiante — 에스뚜디안떼
- 한국 — Corea — 꼬레아
- 한국사람 — coreano — 꼬레아노
- 한국어 — el coreano — 엘 꼬레아노
- 한국영사관 — el Consulado de Corea — 엘 꼰술라도 데 꼬레아
- 한국음식 — la comida coreana — 라 꼬미다 꼬레아나
- 할머니 — la abuela — 라 아부엘라
- 할아버지 — el abuelo — 엘 아부엘로
- 할인 — el descuento — 엘 데스꾸엔또
- 핫도그 — perro caliente — 뻬로 깔리엔떼
- 항공운임 — tarifa aérea — 따리파 아에레아
- 항공편 — por avión — 뽀르 아비온
- 항공회사 — la compañia aérea — 라 꼼빠니아 아에레아
- 항구 — el puerto — 엘 뿌에르또
- 항생제 — el antibiótico — 엘 안띠비오띠꼬
- 해가 지다 — atardecer — 아따르데쎄르
- 해변 — la playa — 라 쁠라야
- 해열제 — la antifebrina — 라 안띠페브리나
- 핸드백 — el bolso — 엘 볼소
- 햄 — el jamón — 엘 하몬
- 햄버거 — la hamburguesa — 라 암부르게싸
- 햄버거 가게 — la hamburguesería — 라 암부르게쎄리아
- 행복한 — feliz — 펠리스
- 현금 — el efectivo — 엘 에펙띠보
- 현대 — moderno — 모데르노

■ 현상	la revelación	라 레벨라씨온
■ 혈압	la presión arterial	라 쁘레씨온 아르떼리알
■ 혈액형	el tipo sanguíneo	엘 띠뽀 상기네오
■ 형제	hermano	에르마노
■ 형태	la forma	라 포르마
■ 호수	el lago	엘 라고
■ 호텔	el hotel	엘 오뗄
■ 화가	el pintor	엘 삔또르
■ 화나게 하다	enfadar	엔파다르
■ 화요일	el martes	엘 마르떼스
■ 화장실	el baño	엘 바뇨
■ 화장실 휴지	papel higiénico	빠뼬 이히에니꼬
■ 화장품	cosméticos	꼬스메띠꼬스
■ 화장하다	maquillar	마낄야르
■ 화폐	la moneda	라 모네다
■ 확실한	cierto / seguro	씨에르또 / 쎄구로
■ 확인하다	confirmar	꼰피르마르
■ 환경	el ambiente	엘 암비엔떼
■ 환율	el tipo de cambio	엘 띠뽀 데 깜비오
■ 환전소	la casa de cambio	라 까사 데 깜비오
■ 활동적인	activo	악띠보
■ 회사	la compañia	라 꼼빠니아
■ 횡단하다	cruzar	끄루싸르
■ 후식	el postre	엘 뽀스뜨레
■ 휘발유	la gasolina	라 가솔리나
■ 휴가	las vacaciones	라스 바까씨오네스
■ 휴게소	la sala para descansar	라 살라 빠라 데스깐사르
■ 흐린	nublado	누블라도
■ 흥미있는	interesante	인떼레산떼
■ 흰색의	blanco	블랑꼬

핵심단어장